アルノ・グリューン 著

従順という心の病い

――私たちはすでに従順になっている

村椿嘉信［訳］

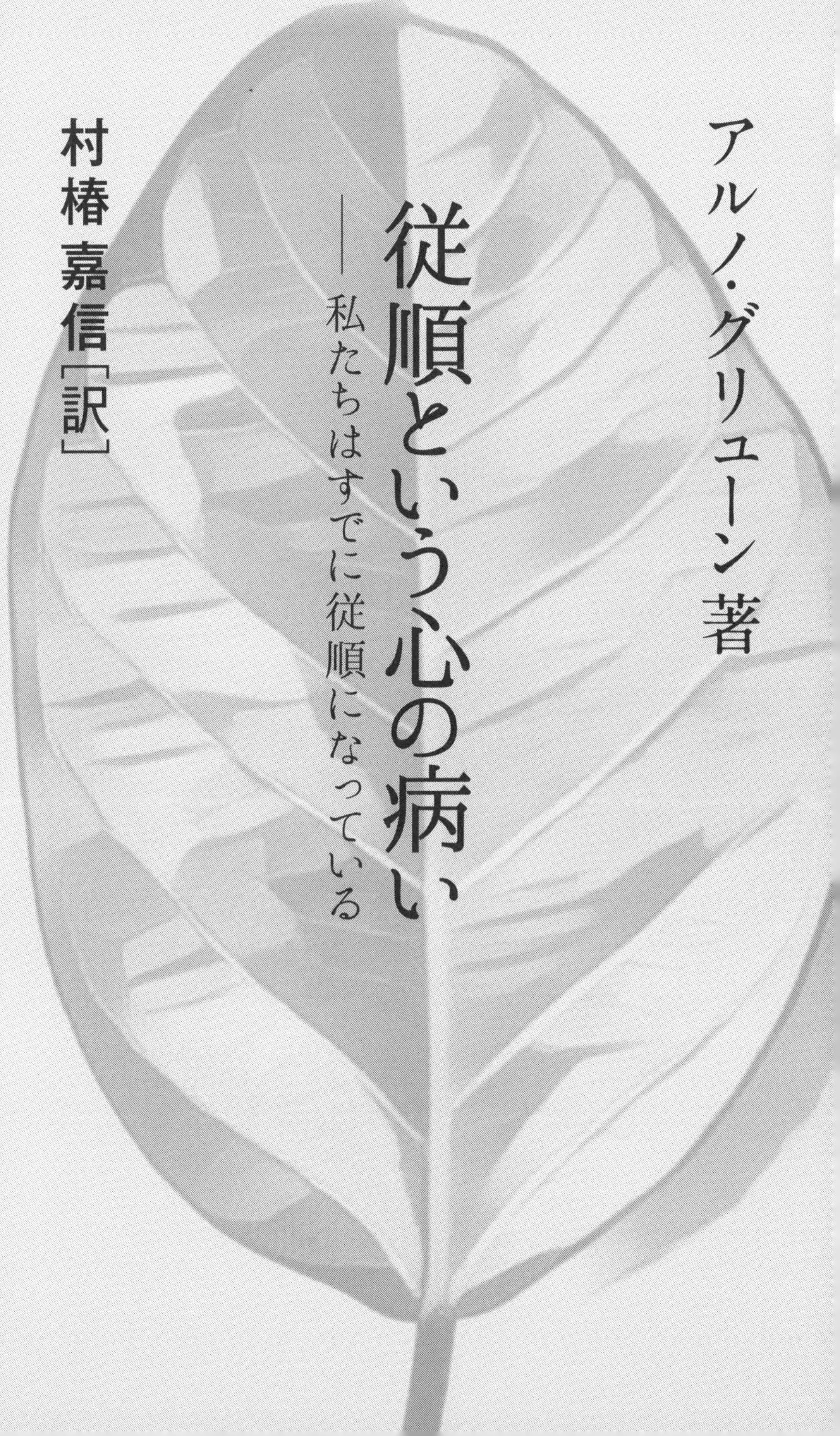

Wider den Gehorsam
by Arno Gruen

Japanese translation by
Yoshinobu Muratsubaki
YOBEL
Tokyo, Japan. 2016

Japanese translation rights arranged
through Japan UNI Agency, Inc.

「グリューンの書物は、従順になることを市民に要求する破壊的な扇動家に抵抗するための、そして政治的、経済的な指導者によって個人的な利益のために企てられる戦争を熱狂的に支持するあらゆる市民に対抗するための、重要な「武器」となるであろう」。

ピルコ・トゥルペイネン＝サーリ〔一九四〇―。フィンランドの精神科医。ヘルシンキの「思春期カウンセリング・サービス」の元所長〕、ならびにマウノ・サーリ〔一九四七―。フィンランドの作家、ピルコとマウノは夫妻〕の言葉

この世の名声は
あなたの名誉にならない。
あなたを真に高め、支えるものは、
あなた自身の中にあるに違いない。

あなたのもっとも内面的な部分に
ほんとうの誇るべきものが欠けているなら、
たとえ世界があなたを喝采しようとも、
その喝采は、すべてあなたに無用なものである。

つかの間の賞賛、その日の栄光に
あなたはうぬぼれるかもしれない。
しかしあなた自身を成り立たせているものこそが、
あなたの価値あるものなのである。

テオドール・フォンターネ〔一八一九—一八九八。ドイツの作家〕

従順という心の病い——私たちはすでに従順になっている

目次

装丁・新垣幹夫

凡例

◎本書の底本は、Arno Gruen, "Wider den Gehorsam", Klett-Cotta, Stuttgart. 2014である。同書は、二〇一八年に第十一刷が発行されているが、変更はない。

◎本文を読みやすくするため、翻訳の際に「小見出し」を付けた。原著には、本文の欄外に、編集者が付けたと思われる「要約の言葉」が印刷されている。これを翻訳して同じような形で印刷するとかえって読みにくくなると思われたので、「要約の言葉」を生かしながら、「小見出し」の形にし、部分的に言葉を補った。

◎本文中の＊を着けた数字は、訳注の番号で、各章の末尾に、注を記した。例：＊1

◎それ以外の（ ）で囲んだ数字は、参考文献に関する注の番号で、本書の末尾に、日本語で読みやすくするために言葉を補いながら、注を記した。なおグリューンはさまざまな文書から引用しており、一字一句、原文どおりに引用していない場合もある。また原著には、参照した書物のタイトルだけが提示されているものや、該当箇所のページ数まで書いてあるものなど、さまざまである。例：(1)

◎本文中の人名のあとの〔 〕で囲んだ部分は、その人物についての簡単な紹介を、翻訳の際に付け加えたものである。例：アーヴィング・ゴフマン〔一九二二—一九八二。米国の社会学者〕

◎本文中の「 」は、明らかな引用文や会話の文章を除いて、日本語を読みやすくするために、翻訳の際に付け加えたものである。

◎この日本語訳再版は、初版の翻訳を見直し、日本語として意味の通じない部分を中心に手を加えたものである。

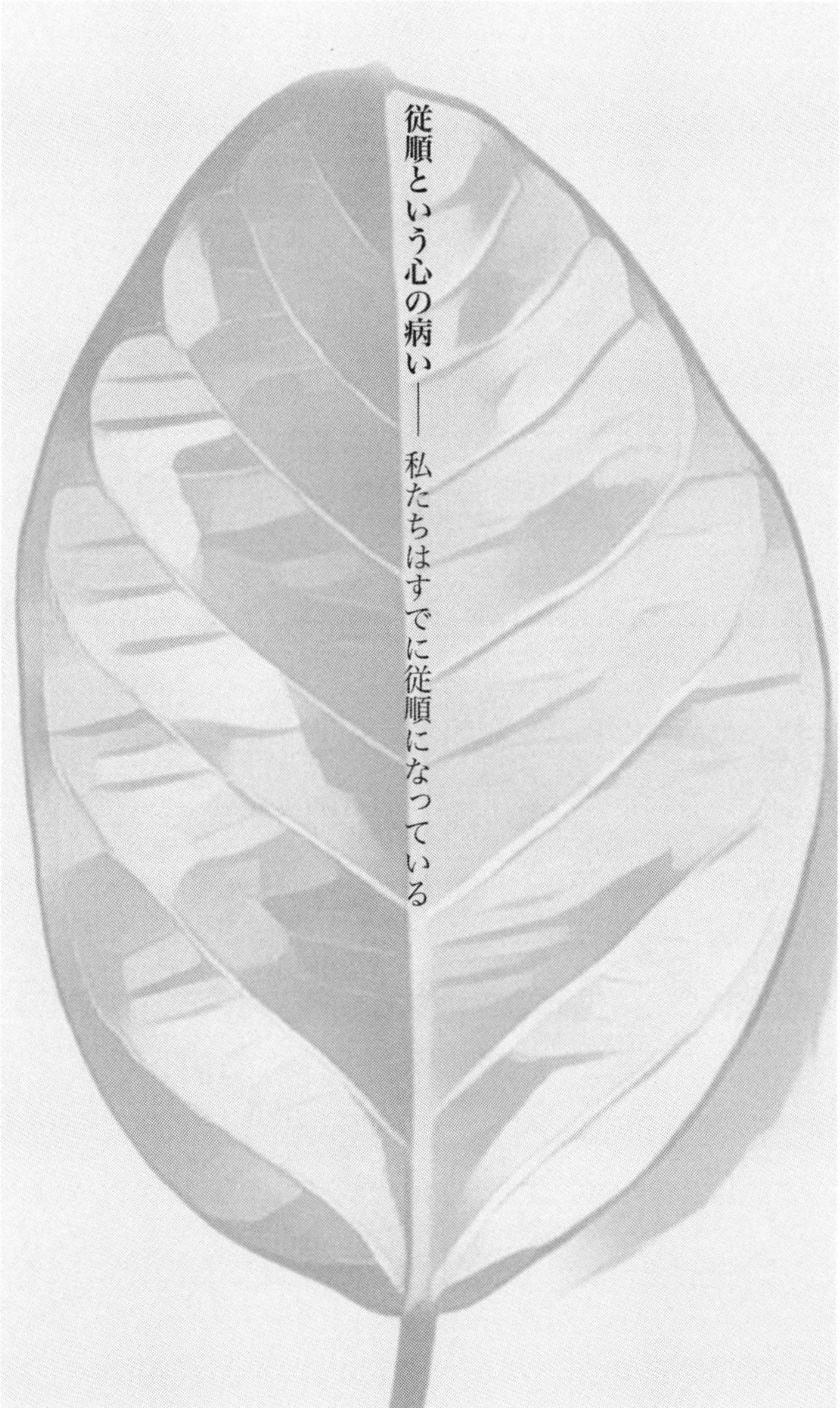

従順という心の病い――私たちはすでに従順になっている

序・従順――私たちの文化の根本問題

文化と個々の人間の心の問題

「合理的に把握すること」、「従順になること」を私たちに要求する私たちの文化、つまり人間の本質を観念的に理解しようとする私たちの文化は、「規格化された人間」を生み出す。私たちの文化に生きる個々の人間は、それゆえ常に、「役割」や「地位」という「観念的なもの」によって評価される危険にさらされている(アーヴィング・ゴフマン[1]〔一九二二―一九八二。米国の社会学者〕)。自分を独自の個体と見なす私たちは、「人格(ペルソナ)」という構築物を、自分自身の独自な成長によって手に入れたものと勘違いしているにすぎない。

それゆえフリードリヒ・ヴィルヘルム・ニーチェ[2]〔一八四四―一九〇〇。ドイツの文献学者、哲学者〕は、「観念的な世界」を「虚偽」と見なした。なぜならそれは、「イエスマン」から成る世界、「言われたとおりに行動するだけの抑圧された人間」から成る世界だからである。

従順 ―― 私たちの文化に内在する問題

「不従順な人間である」という私たちの不安が、自分を抑圧者に従わせようとする。その結果、私たちは抑圧者と結びつき、抑圧者の「暴力」と「侮辱」を、「愛」と取り違えてしまう。それゆえ、極右勢力の指導者が、特に社会的な激動の時代にたびたび権力の座を獲得することになる。これらの指導者は、「自分に従順になるように」と要求し、人々が自分に従順になることを権力の象徴や偉大さとして繰り返し求め、従順の度合いを強めようとする。このことが実際に成功するようになるのは、「従順になろうとする欲求」が、私たちの文化の根底に横たわっているからである。

従順は、空気や水のようなもの

まさにこの「従順への欲求」こそが、「文化そのものによって引き起こされ、生み出される病理」がどのようなものであるかを明らかにしている。民主主義を強化したいと望む人は、まず、この病理の根を取り除かなければならない。その際、合理的な計画が「練られるべきだ」とか、「必要とされる」ということではなく、この「従順を呼び起こす構造の根底」が変革されなければばならない。従順さを要求する構造は明白で、いたるところに存在し、私たちの日常生活の一部となっているので、作家のデヴィッド・フォスター・ウォレス〔一九六二―二〇〇八。米国の作家〕の次の言葉があてはまり、ぴったりくる。

同じ方向に泳いでいる二匹の若い魚が、偶然に向こう側からやってくる年上の魚と顔を合わせた。その年上の魚は、若い魚を見てうなずき、「こんにちは、若いの。水の具合はどう？」と聞いた。二匹の若い魚は、さらにしばらく泳いでから、そのうちの一匹がもう一匹の方を見て尋ねた。「『水』って一体全体、何のこと？[3]」。

「従順」は、このたとえ話の中の「水」と同じようなものだといえる。私たちは、「従順」が何であるかについて、何も知らない。その上、私たちは、「従順」によって、現代の「奴隷」や「服従者」となっているのに、そのことに何も気づかない。私たちは、もはや「自分を縛る鎖」を感じられなくなっている。だからこそ、「隷属することに対するたたかい」、「従順になることに対するたたかい」は、むずかしいのである。

従順の問題点

私たちはすでに従順になっている

従順であるとは、「他者の意志への屈服」である。この場合、他者は、被抑圧者に対して、「権力」を行使している。この抑圧は、すでに乳児期に、つまり言語や思考を身につける以前に始まる。そのため従順になった子どもは、子どもの期間だけでなく、後になっても気づくことなく、耐え忍ぶようになる。

このようにして、私たちの文化が発展してきた。私たちの文化は、しっかり固定化した慣習がもたらす従順へと私たちをそそのかし、権威に疑いを持たないように仕向け、あらかじめ方向づけられた計画や集団の思考に献身するように誘導し、最終的に、自分で考え、自分で判断することを不可能にする。

二〇一一年三月十一日に福島で起きた原子力発電所の事故の後に、日本の国会に設けられた事故調査委員会の委員長であった黒川清[*1]〔一九三六―。医学博士、東京大学名誉教授、元日本学術会議会長。二〇一一年より、東京電力福島原子力発電所事故調査委員会の委員長〕は、事故はそもそも、日本の監督官庁の見解が、原発を運営しているTEPCO（東京電力株式会社）と一致していたために起こったと指摘し、「権威者や政府に無批判に従順になることが、日本文化の深層に根を張っている」ことに原因があると指摘した（マルティン・ケーリング[4]〔ドイツのジャーナリスト、東アジア特派員〕）。

ミルグラムの実験

日本の社会や文化の中にあるこのような形の従順について、私たち西洋人はただちに認識できるが、それにも関わらず、私たちの西洋文化の中に明確に存在する別の形の従順については、見ようともしない。

スタンレー・ミルグラム[5]〔一九三三―一九八四。米国の心理学者。〕の実験と研究は、驚くべき仕方で、「私たちの文化の中の無意識的な従順」が、私たちが事実を認めようとする以上に大きな役割を演じていることを指摘した。ミルグラムは、一七七六年に英国に対して最初に蜂起した植民地でありその後、常に民主的な地域と言われてきた米国の一州であるコネチカットで、その実験を行った。

ミルグラムは、かつてドイツで「第三帝国」〔国家社会主義ドイツ労働者党（ナチス）統治下で、当時のドイツを指す名称として用いられた〕が支配していた時期、「絶対的な服従」が、どのように蔓延したかを説明しようとした。テオドール・W・アドルノ[6]〔一九〇三―一九六九。ドイツの哲学者、社会学者、フランクフルト学派を代表する思想家〕の『権威主義的パーソナリティ』や、エーリッヒ・フロム[7]〔一九〇〇―一九八〇。ドイツの社会心理学者、哲学者〕の『自由からの逃走』が先に発表され、ミルグラムの実験にインスピレーションを与えた。

　ミルグラム自身が驚いたことに、この実験の被験者となった合衆国の中流階級の市民たちは、彼らに「尊敬の念を起こさせる人」が従順を要求すると、あまりにも残虐な行為を、要求されたとおりに行った。ミルグラムの実験というのは、あらかじめ「権威ある科学者である」と（偽って）紹介された指導者の指示に、実験に参加した六五％の人たちが、激しく抗議することも反論することもなく、言いなりになったというものである。

　実験の指導者は、あらかじめ一人の「協力者」を用意し、指導者の指示に従わずミスを犯すように依頼した。その上で、一般の人たちから選んだ被験者に、教育という名目でもし「協力者」が従わなかったり、ミスを犯したら、電気ショックを与えるように指示した。

　この見せかけの研究プロジェクトにおいて、電気ショックを受けた「協力者」は、苦しみのあまり気を失うふりをした。この場合に「犠牲者」を演じたのは「協力者」であったが、どんなに悲鳴をあげても、痛みのあまり失神したふりをしても、ほとんどの被験者は、指導者への命令に従うことをやめなかった。拷問することを拒否したのは、三人に一人の被験者にすぎなかった。

ミルグラムの実験は、多くの国々で、またドイツでも行われ、繰り返すたびに、同じ結果が得られた。

私たちは従順であることに気づかない

私たちは、「合理的な思考」によって、無批判な従順に抵抗できると考えている。その際に、そもそも「思考」や「熟慮」じたいに問題があるとは気づかない。その問題は、私たちの幼児期のもっとも初期にさかのぼる深いもので、母親や父親の圧倒的な力によって屈服させられた「親＝子という隷属関係」の問題である。私たちは、自分自身にふりかかる親の権力を見抜くことができない。なぜなら私たちの文化では、母親や父親はすべてを知り、すべてにおいて慈悲深い存在で、私たちのために最善のことだけを願うと思われているからである。

被害者も加害者も、自分を被害者や加害者とは思わない

だからこそ、従順についても、それがどのようなものであるか正しく認識されない。それどころか大部分の人々は、「従順が要求されるという事態に直面するとき」にだけ、自分自身が脅

迫されていると感じる。この脅迫は、私たちの幼児期の成長過程において、私たちが従順に密接に結びつくことになった境遇を思い起こさせる。しかしこの境遇は、不安や恐怖を呼び起こすので、抑圧されなければならない。

人間は、脅され、恐怖に陥ると、「自分を恐怖におとしいれた人と一体化する」傾向[*2]があるが、これほど不思議なことはない。さらに、脅される人は、脅す人と融合し、恐怖におとしいれる権力者に自分の判断を合わせ、自分のアイデンティティまでも放棄してしまう。恐怖におちいった人は、こういう仕方で――決して成功するはずがないのに――自分自身を救うことができると期待するのである。

詩人ライナー・マリア・リルケ(8)〔一八七五―一九二六。オーストリアの詩人、作家〕は彼の叙事詩『旗手クリストフ・リルケの愛と死の歌』で、この事実を明らかにしている。旗手リルケ――おそらくリルケの祖先――は、十字軍に従事し、イスラム軍によって包囲された。この詩の中で、主人公は、自分の上に斬りかかるキラリと光るサーベルを、「ほほえみながら、みずからにふり注ぐ噴水の水」であると体験した。

このシーンが印象的に指し示しているように、私たちは、自分を脅かす恐怖を見ないようにするとか、そもそも気づかないようにするため、現実を覆い隠し見なかったことにする。その代わり、私たちは、「私たちを脅かすものと一体であるという幻想」をいだき、アイデンティティを失い、その上、場合によっては、自分の生命をも失うことになる。

従順であることに気づかない子ども

一九六一年に、ハイデルベルクの精神病理学者のフリチョフ・シェーファー[9]は、『神経医学』誌に、「病理学的忠誠心」についての論文を掲載した。著者はこの論文の中で、「自分の孫娘を非人間的に、サディスティックに、しかも暴力的に苦しめた祖母」に対する孫娘の忠誠心が、その少女自身をいかに破壊したかを説明している。この祖母は、孫娘の人間的な感情の起伏を、「憎むべき弱点」と見なしてたたかい、その結果、孫娘も自分の感情とたたかって、それを抑圧した。

犠牲となった娘は、彼女の代理母の残虐な行動を、「祖母は、たくさんの仕事をかかえていたから」と弁明した。祖母の日常生活が、孫娘が何を望んでよいかの唯一の基準となった。不安と恐怖のさまざまなイメージが彼女の視界を占領したので、よりよいものを体験するあらゆる可能性を失ってしまった。祖母に対する少女の忠誠心が、「無批判な従順」に変化する。その結果、祖母のさまざまな満足が、幼い少女を祖母の「所有物」にしてしまう。そうすることよって、被害者の生きたこの耐えられない関係性が維持され、道徳的に正当化され、さらには擁護されたのである。

私たちは、社会生活の中で「自分を抑圧する者に貢献する」ところでは常に、まさにこの「道徳的な正当化」に出会う。あらゆる信頼と背中合わせにあるのものが、従順である。逆に、あらゆる従順の中に、信頼が隠れている。人間は、自分が「誠実である」と見なすが、「従順である」とは見なそうとしない。なぜなら、自由に選択しているから自分は「誠実」だと感じ、実際にそう生きているからである。しかし私たちは「誠実さ」を、自分で選びとった道徳的な価値として感じることによって、自分を権力者と一体化するあの「従順」を覆い隠す。誠実さと従順さは両方とも、「権威」に根ざしており、その権威によって、「自発的な屈服（忖度《そんたく》）」が、道徳的に価値があるとか、人間的に立派な性質であると称賛される。このことによって、「自分自身の価値が無価値なものと説明され、抑圧者の無価値が価値あるものと美化され、正反対のことが捏造されるという破壊的なできごと」が起こる。

その場合に、従順はただ引き起こされるというだけでなく、同時に操作されるようになる。この心理的なメカニズムの根源は、もっとも初期の幼児期に見いだすことができる。その時期に私たちの世話をしてくれる大人が、「彼らの意志を私たちに強要した」ためそうなったのである。この経験が、まさに成長しつつある子どもの自己を脅かす。このような仕方でみずからの意志を屈服させられた子どもは、権威者に対して不幸に満ちた従順を発達させる。

従順は、子どもの自然な成長を妨げる

従順が要求され、従順を強いる人との自己同一化が成されることによって、私たちの発達は妨害される。従順とは、ある人が権力をふるうので、その人の意志に常に屈服することである。子どもが、保護されるべき人によって、身体的に、あるいは精神的に、あるいは両面から、押しつぶされ、誰のところにも逃れることができないなら、その子どもは不安に押しつぶされることになる。死ぬほどの不安が、その子どもに襲いかかる。両親が子どもから手を引いてしまえば、子どもは生きることができない。真実をとらえ、関係を築こうとする子ども自身の能力に対して、何の応答も得られないなら、子どもは、生きてゆくことができない。したがって子どもは、両親との関係を維持するために、両親の「期待」を引き受ける。そして「自律的に真理をとらえ、関係を築く能力を持つ子どもの精神的な存在」は、このような仕方で、破壊させられるのである。[10]

その後、成長期にある子どもや青年は、「生きていくことができない」という不安を抑え込む

ために、回避行動をするしかなくなる。つまり「死の不安」は、とても圧倒的で、人を無力にするものなので、抑圧されるだけでなく、脇に押しやられ、切り離されなければならなくなる。切り離すとは、自分を危険におとし入れる心のさまざまな部分を、自分から引き離すことである。

経済危機や不況の時代に、それゆえ、人々は「自分の存在」が脅かされていると感じるのである。意識から切り離されていた不安が、突然、意識に戻ってくる（フラッシュバック）。不意をつかれた人間は、そこで、この不安を押さえる解決策を捜さなければならない。そのような事態の中で、私たち一人ひとりの過去のできごとが繰り返される。私たちは、以前のように、不安から自分を救うために、「自分に圧力を加えた人」にまたもや屈服するのである。

両親の意志が、権威として、決定的なものとして、具現されたとき、私たちの人生の最も初期の経験を私たちは思い出す。マルセル・プルースト〔一八七一―一九二二、フランスの作家。〕が、的確に指摘しているように、私たちは、苦痛を加える者のもとで、苦痛からの救いを求めようとする。プルーストは、まさに『失われた時を求めて』という小説の中で、「愛が偽りによって惑わされる世界、私たちの苦しみを、苦しみをもたらすものによってやわらげようとする欲望に満ちた世界の中で、この世界を生きる勇気をどのようにして持つのか[11]」を明らかにしようとした。

立ち向かうことのできない不安

この経験を、リルケは詳細に描いている。「権威者によって禁止されたために、私たちが向き合うことのできない不安」は、自分自身を加害者に結びつけ、加害者の暴力を愛にすり替えることによって、みずからを加害者に屈服させる。そうだからこそ、社会的な変動の時代に、極右勢力と全体主義を志向する指導者が、権力を握ることに成功するのである。

エティエンヌ・ド・ラ・ボエシ[12]〔一五三〇—六三。フランスの法律家〕はこの問題を、すでに十六世紀に彼の『自発的隷属論』で扱っており、この理論は、これまでに数多くの政治的できごとによって実証されている。——たとえば、マリーヌ・ル・ペンと、彼女が党首である国民戦線〔フランスの極右政党。反EU、移民排斥を掲げている〕は、二〇一四年五月二十五日の欧州議会選挙〔EUの議会である欧州議会議員を改選するEU加盟各国で行われた選挙〕で、約二五％の票を獲得し、フランスの最大政党となり、経済的に貧しい地域の労働者の四八％の票を獲得した。

人生のほんとうの損失

従順が、私たちの文化の問題であることは否定できない。従順によって、政治的な結果が生み出されるが、それは私たちの文化の持つ病理をそれなりに反映するものである。民主主義を強化したいと願う人は、それゆえ、この病理の根源に、つまり「無批判的で、無自覚な従順」に、向き合う必要がある。知的で、理性的な教育も役立つだろうが、最終的には、今まで述べてきたような「従順を奨励する私たちの文化の構造」を変えることが重要である。

ノーベル文学賞を受賞したジョン・マックスウェル・クッツェー[13]〔一九四〇—。南アフリカ生まれの文学者。二〇〇三年にノーベル文学賞〕は、『夷狄《いてき》を待ちながら』という小説の中で、「水中の魚のように、空の鳥のように、子どものように、私たちが生きることができなくなったのはなぜだろう」と問いかけている。この言葉によって、クッツェーは、私たちの文化が、理性をたたえ理性に大きな役割を与えるので、しかも私たちの文化が、私たちの誕生のときから感情の発達を不完全にするので、この文化の中で、ほんとうの生を経験することはできないと言おうとしている。

私たちは、クッツェーのように、虚偽の中に生きることを強く非難するが、しかしながら、私たちは、その虚偽と取り引きしようとする。それは、競争の中で滅んでしまわないように、従順の複雑極まりないやり方によって、私たちが「観念的な思考によって支配される者」となることである。

生き延びるための闘争

私たちは、そこで、自分が低く評価されないように、とりわけ拒絶されないように、絶え間なく「生き延びるための闘争」を続けることになる。しかしながらほんとうの経験が何であるかを、理性によってとらえることはできない。なぜなら理性を働かせて、不安を押さえたり拒絶したりすることによって私たちが、「根源的な生命力にじかに触れることや、生命力に触れながら生きる可能性」を、奪ってしまうからである。

すべては自分が低く評価されないこと、とりわけ拒絶されないことを目標に「生き延びるための闘争」を演じることになる。「愛」や、「共感によって真実を受け入れること」、また「人間的な思いやり」を表現する生は失われる。その失われた部分に、常に待ち受けていた「無力さへの不安」が忍び込む。それゆえ、人間はみずからを攻撃者と同一化するのである。

統合失調型（スキゾイド型）策略

みずからを攻撃者と同一化するこの動きを、精神分析家ウィリアム・V・シルヴァーバーグ[14]〔一八九七―一九六七、米国の精神科医。〕は、「統合失調型（スキゾイド型）策略」と名づけた。この世で孤立していると感じる人は、自分を孤立させた世界を拒絶する傾向がある。しかし同時に、この孤立感にとらわれた人は、リルケのバラードの場合のように、拒絶したはずの世界を美化して自分のうちに取り込もうとする。この取り込みは、たとえ妄想であったとしても、自分の存在を確かなものにするために役立つ。これこそが、ヒトラー、スターリン、毛沢東またはジョージ・W・ブッシュのような、破壊的な妄想を持つ政治指導者を理想化し、自分と同一化する原理である。

＊1 **黒川清**　二〇一一年十二月八日に発足した「東京電力福島原子力発電所事故調査委員会」（以下、「国会事故調」と略記）の委員長。当委員会は、国会が設置した事故調査委員会であり、閣議決定により内閣が設置した「東京電力福島原子力発電所における事故調査・検証委員会」とは異なる。

「国会事故調」は、二〇一二年七月五日に報告書を発表し、福島原発事故は「人災」によって発生したと明記している。報告書の公表とともに「国会事故調」は活動を終了し、同年十月二十四日に事務局が閉鎖された。

衆議院原子力問題調査特別委員会は、二〇一三年四月八日になって、初めて、委員長の黒川清などを参考人聴取したが、黒川は「事故はまだ収束していない」などと述べた。報告書にも、「事故は継続しており、……今後も独立した第三者によって継続して厳しく監視、検証されるべきである」とあるが、政府は、これ以上の調査をするつもりがないと考えられる。

なお黒川清は、英語版最終報告書に委員長として書いた序文の中で、日本の「島国根性」、「集団主義」、「権威に異を唱えない体質」などに触れ、「事故の根本的な原因は、日本文化の慣習に根ざしたもの」と指摘した。最終報告の日本語版には書かれていない内容なので、批判を受けることになったが、この序文は日本人にこそ、読まれるべき内容である。

＊2 **攻撃者との同一化** 自分を罰する攻撃者に自己を同一化させるという自己防衛機制。アンナ・フロイトによって提唱された。アルノ・グリューン『私は戦争のない世界を望む』（ヨベル、2013年）の訳注11（57ページ）を参照のこと。

子どもの成長と従順

自分を抑圧する者（親）のもとで生きる子ども

すでに述べたように、子どもの誕生後、何ヶ月かのうちに、不安とそれに伴う苦痛を自分から遠ざけるために、異常なことが起こる。子どもは、自分を抑圧する者、つまり自分を攻撃する者を「自分が同一化すべき対象」として理想化し始める。

罪悪感が、従順を生み出す

大人どうしも、人を監禁したり拷問する際に、この子どものころの一連の動きを繰り返すことがある。ヤコボ・ティママン[15]〔一九二三―一九九九。ウクライナ生まれのアルゼンチン人。ジャーナリスト〕は、アルゼンチンの独裁政権のもとで拷問を受けたにもかかわらず、その虐待者に恋をした女性について描いている。同様のことを、ナイジェリア独裁政権の将軍ヤクブ・ゴウォン〔一九三四―。一九六六―七五年の軍事政権の独裁者〕のもとに生きたウォーレ・ショインカ[16]〔一九三四—。ナイジェリアの劇作家、詩人、小説家、ノーベル賞受賞〕も報告している。

このような事例のバリエーションとして、ジョナサン・シュペンス[17]〔一九三六—。英国人の中国史研究家〕は、中国にあった政治犯刑務所で、政治犯とされた囚人らが、「自分たちが飢え、死にそうになったのは、自分たちの罪であり、拷問した人たちの罪ではなかった」と証言したと報告している。

フェレンツィ・シャーンドル〔一八七三—一九三三。ハンガリーの精神分析医〕は、一九三二年に出版した著書の中で、「自分を攻撃者と同一化する経過」を描き、この経過が、「両親が自分自身の価値を高めるために、子どもの依存性を利用することを容認する社会環境」に、いかに縛られているかを証明している。両親の暴力にさらされた子どもが、いかに無力化するかを、フェレンツィは、次のように描いている。

「子どもは、自分が身体的にも道徳的にも、無力だと感じており、人格としても、論理的に考えて抗議するにはあまりに未熟である。そこで大人は、圧倒的な力と権威で、子どもを黙らせ、しばしば子どもの感性を奪い取る。子どもは、自分の不安が最高潮に達すると、自動的に攻撃者の意志に自分を従属させ、攻撃者の意向を察知し、自分自身をすっかり失い、攻撃者とまったく一体であるかのように自分を強いる[18]」。

このような仕方で、子どもは、自分固有の感覚や自分の表現を疑い始める。それと同様のことが、従順を生み出すどの文化的環境においても起こる。根本的な問題は、不安による両親との同一化が、フェレンツィが述べているように、子どもの心に、罪の意識を植えつけることである。子どもは、大人の罪悪感を内面化する。こうして子どもは、この罪悪感を内面化しつつ、大人が自分に禁止することを引き受けるのである。

この罪悪感は、さらに両親への結びつきを強固なものにする。なぜなら、両親は子どもに、「子ども自身の力によって両親との関係を改善することが可能である」という誤った期待を与えるからである。罪悪感は、一方において自分が無価値であるという感情を呼び起こし、他方においては救いとなる。罪悪感は、両親の手中にあるという耐えがたい状態からの解放を可能にするように思える。これこそがまさに矛盾である。一方において、私たちは罪を拒否するが、他方において、私たちの無意識下の深層で、罪こそが「自分を否定し罰する両親を、自分に結び付けるために必要なもの」となるのである。このことが私たちの存在を、がんじがらめにしている。

義務を果たすことによって、抑圧者の承認を得る

私たちは、常に罪を感じなければと覚悟する一方で、同時に、罪の意識に耐えることができない。なぜなら、罪が、私たち自身の価値を徐々に破壊するからである。私たちが「自分に価値がない」と感じることによって、私たちのうちに「怒り」という感情、「攻撃的」な感情、「暴力的」な感情が生じる。この罪悪感は、抑圧者が私たちを言いなりにさせる手段として用いられるものなので、私たちは、「ほんとうの罪意識が自分にもたらす責任を引き受けて、自分を解放すること」ができなくなってしまう。

ヤコブ・ヴァッサーマン[19]〔一八七三―一九三四。ドイツのユダヤ系作家、ヒトラー政権下で彼の書物は禁書になった〕は、『モーリシャスの滝』という小説の中で次のように書いている。

「私は、善と悪の判断は、人間相互のやりとりの中で為されるのではなく、もっぱら自分自身との人間的なつき合いの中で為されるものだと思う」。罪をこのように引き受けることが、私たち自身や私たちの仲間である人間への責任を果たすことになる。それは、「自分自身を価値あるものとして経験する能力」の前提となるであろう。もし自分を価値あるものとして経験することができないなら、誰も罪に耐えることができないので、自分の罪を常に他者に転嫁しなけれ

ばならない。すでに述べたフリチョフ・シェーファー[20]が、祖母と姪についての論文の中で描いているように、「ほんとうの責任感」が「義務の履行」にとって代わる。ところでこの義務の履行は、従順と深い関連がある。つまり人が義務感から行動するとき、その人は、両親や他の権威者が伝えたその人のイメージに忠実にとどまり続ける。権威者の「期待」どおりに行動する人は、権威者からの承認を得ることになる。その結果、「権威者の期待した役割を果たすこと」が、その人の生きる目的になってしまう。「見かけ」にすぎないものを「その人の存在そのもの」であるかのように高く評価する人にとって、「無価値であるということ」は、自分が正しく行動しなかったということになるので、罪を意味する。義務感に基づく正しい（と思わされた）行動は、見かけばかりの責任を生じさせるが、責任をほんとうに負うことからは、はるかにかけ離れている。その結果、「自由」を求める心の動きを、「私たちが承認を受けたいと期待する権力」に逆らう不従順と同じものと見なす人格形成が始まる。そのとき人は、「その裏に潜む不安を明らかにするすべてのもの」、また「それに伴う苦しみの真の原因を明らかにするすべてのもの」を憎むようになる。

この理由から人間は、成長の過程で、「真理を明らかにし、ほんとうの愛に導くすべてのもの」を、憎むばかりでなく、破壊するのである。従順は、この理由で、単なる無意識的な従順、無批判な従順であるばかりでなく、常に、「感情」や「自己を認識するための内的構造」を自分自身から疎外させる原動力なのである。[21]

従順の原因

幼児期の自己疎外

従順の原因は、「疎外」と密接に結びついている。なぜなら、私たちが自分自身を疎外することが、同時に、従順を自分自身に強いることになるからである。一人の人が受ける暴力の程度によって、権威者への隷属の度合が決定される。

「他者の感情を自分の知覚から疎外すること」が始まるのは、すでに述べたように、幼児期のもっとも早い時期からである。ナチス女性同盟〔一九三一―一九四五年に活動した国家社会主義（ナチス）の女性組織〕の集会で、一九三四年にアドルフ・ヒトラー〔一八八九―一九四五。一九一九年にナチスに入党し、三三年に政権を掌握、三四年に総統となり、独裁的な全体主義体制を確立した〕が語った言葉が、他のどれよりも明瞭である。ヒトラーは、「どの子どもも、たたかいである」（ジークリット・チェンバレン[22]〔一九四一―。ドイツのソーシャルワーカー、教育家〕からの引用）と語った。この言葉によって、ヒトラーは、驚くべき仕方で、西洋文明が、今日なおも、くつがえすことのできない真実だと考えていること、つまり西洋文明が「乳児と両親の間には、自然な敵意が存在する」と考えていることを明らかにした。

いわゆる社会化[*3]の過程の中で、乳幼児は、両親の意志に従うように強いられる。子どもは、自分の欲求や楽しみを追い求めることを妨げられる。そこで生じる葛藤は、明らかに避けることのできないものであるが、「子どものしあわせ」を求める両親の粘り強さによって取り除くことができる。

子どもは反抗し、残虐なことを行い、貪欲であり、衝動的であり、快楽の原理に従う——これが第三帝国のイデオロギーだった

ジークリット・チェンバレンは、『アドルフ・ヒトラー、ドイツ人の母親と最初の子』という書物の中で、第三帝国〔一九三三—一九四五までのナチス統治下のドイツ〕の公的な教育論の、常軌を逸した影響について批判的に解明した。チェンバレンは、「支配欲を永続化させるためのナチス独裁国家の試み」を明らかにするために多大な貢献をした。彼女は、たとえ外観は覆い隠されていようとも、いわゆる「偉大な文化」のすべてに特徴的なイデオロギーについて述べた。それは、子どもと親の本来の関係を、「子ども自身の未熟な意志を容認すること」を阻止するための権力争いとしてとらえるものだった。しかしチェンバレンのこの指摘は、一般的な、「文明化」の問題ではなく、「子どもの

意志を砕き、屈服させ、そのために支配力を拡張すること」こそが問題であることを隠してしまう。子どもをこのような仕方で「社会化」させることが、「権力者に対する従順さ」を人間の心の深くに根づかせることになる。そしてそれは、子ども自身の欲求や願望、あるいは感情を、すでに芽のうちに摘んでしまうことに他ならない。

ジークモント・フロイト〔一八五六―一九三九。オーストリアの精神分析学者、精神科医〕もまた、このイデオロギーにとらわれていた。フロイトは、幼児期を私たちの思考の中心に据えたが、すべての画期的な彼の考え方にもかかわらず、両親と子どもの間の争いは「避けられない」という観念にとらわれていた。フロイトは、どの子どもも、本能的な衝動に支配されており、わがままな自分の欲求を適える以外の何ものにも関心がないと確信していた。そこでフロイトは、子どもたちの衝動が他者に損害をもたらす前に、この衝動を阻止することが、文化の主要な課題であると考えた。もちろんヒトラーとフロイトの見解を、いっしょにすることはできない。しかし両者ともに共通した部分、つまり「自分にそなわっている能力に身を任せる子ども」は、社会にとって危険であるという見解を持っていた。

自分の支配欲を永続化しようとするナチス独裁国家の試みは、私たちの時代にまで影響を及ぼし、過去の歴史的な出来事として否定されてはいない。国家社会主義者であった女医のヨハンナ・ハーラー〔一九〇〇―一九八八。チェコ生まれ。オーストリア、ドイツで活動した医師。ドイツ第三帝国の時代の教育政策に協力〕は、一九三七年に『ドイツ人の母親と最初の子ども』〔シャンバーラインの同名の書物とは異なる〕という書物を書き表した。
その中で、彼女は、「子どもの独自性は異質なものとして排除されるべきだ」というイデオロギーに基づく教育論を展開している。その書物の本質的な内容を手短に要約してみよう。ハーラーによれば、乳児と幼児は、節度なくふるまう傾向がある。乳幼児は飽くことを知らず、甘やかされ、注目され、大人にとってまさに厄介なものであり続けようとしている。

「赤ん坊は、体質上、暇つぶしのために、あるいは無理やり何かを手に入れるために、怒り、長い間、泣き叫ぶ。乳幼児は、適応しようとしない。偉大な人たちが望むようには望まない。乳幼児は、偉大な人たちを試したり、彼らに反抗したり、横柄な態度をとったりする。乳幼児は、生まれつき汚く、不潔で、自分に与えられたあらゆるもので、あたりをよごしてしまう(23)」。

両親が「子ども特有の性質」であるとたびたび見なすものは、不潔さ、不純さ、欲望、落ち着きのなさ、破壊願望である。子どもは、——これもまたフロイトの見解でもあるが——、「欲望」が満たされることなく、常に「快楽の原理」に従っている。

まさにこれと同じ性質を、「憎むべき異質者」に対して、たとえばユダヤ人、シンティ・ロマの人たち、中国人、カトリック教徒、クロアチア人、セルビア人、共産主義者等……に対して押しつけていないかと、私たちはみずからに問わなければならない。

従順を強いる権威主義的な父親

この教育論が、「人間の人格的な構造を破壊する従順」をどのように生み出すかを、私の臨床経験から示したい。五十代の地質学者が、ナチス親衛隊に自由意志で加わって戦った自分の父親について語った。その父親は、幼い息子（＝地質学者）に対して極端に権威的であり、息子が模範的なふるまいからわずかでも逸脱する場合には、体罰を与えた。父親は、妻に対しても同様に、軽蔑的で、暴力をふるった。母親は、息子を決して守ろうとはしなかった。この母親が息子のことで介入したのは、子どもが七歳のとき、夫が激怒して、息子を殺してしまうかもしれないと思った一度だけだった。従順で、相手に常に逆らわないように行動していた息子は、大人になってからも、自分の父親に疑問を持つたびに、大きな罪悪感に悩まされた。

この患者は、それにも関わらず、自分が生きている世界が正しくなく、正常ではないと感じる感覚を持っていたので、精神療法を受けに来た。彼は、早い時期から子どもを持たないと決めていた。子どもの叫び声を聞くたびに、彼は怒りだした。なぜなら、子どもが泣くのは、親に何かを強要しようとする行為であると理解していたからであった。彼は荒れ狂ったようになり、そのような状況の中では、子どもを壁にぶつけるのではないかと不安を抱くほどだった。彼はそうなることを望まなかった。[24]

そうであるのに彼は、――無意識的に――自分を父親と同一視し続けた。彼が子どもたちの叫び声に反応する仕方は、彼が乳児だったころの彼に対する父親の反応を映し出すものだった。彼の父親の怒りが、彼の中で再発し、彼自身の怒りとなった。彼は、父親の憎しみを、完全に自分の憎しみとして内面化していたのである。

この同一化は、グスタフ・ビヒョヴスキー[25]〔一八九五―一九七二。ポーランド生まれ。米国で活動した精神科医、精神分析医〕が「イントロジェクト」（鵜呑み）と呼んだ、子どもの発達の初期に、つまり前言語期（〇歳から一歳）に形づくられる精神構造にまでさかのぼる。「イントロジェクト」とは、誕生したばかりの最初の何カ月間に、自分自身の独自な感情を知覚させず、また独自の要求を認めさせない「不承認」のことであり、それが子どもの独自な自己の成長を妨げる。自分独自の存在の「不承認」は、母親または父親の願望を、そのまま自分の願望として身につけるように（鵜呑みにするように）と導く。この「不承認」を、乳児は、――あるいは後の大人も同様に――「死ぬこと」として体験する。

死に等しい無力感

米国の著名な心理学者ウイリアム・ジェームズ[26]〔一八四二―一九一〇。米国の哲学者、心理学者〕は、一九〇五年に、自分自身の本質に承認が得られない場合、「死ぬこと」に等しい無力感がもたらされると述べている。

生理学者のウォルター・B・キャノン[27]〔一八七一―一九四五。米国の生理学者〕は、ブードゥー教〔西インド諸島のハイチ等に見られる民間宗教。呪術的・魔術的性格が強い〕の「死」についての研究で、抑圧された人たちは、激しい怒りによって「死に至ることがある」と明らかにした。

これは、もし乳幼児の「存在そのものを承認してほしい」という要求が満たされないなら、乳幼児の場合にも起こることである。それゆえ子どもの存在を認めない両親に対して、子どもは、生きるために不可欠な結びつきを築くため、怒りを抑え、両親の「期待」を自分のものとして、変容させなければならない。人類学者ヴィクター・W・ターナー[28]〔一九二〇―一九八三。スコットランド生まれの米国の人類学者〕が述べたように、このことは、子どもを「異質な存在によって決定されたアイデンティティ」へと導く。鵜呑みによって生じるこのような「異質な存在によって決定されたアイデンティティ」は、もしそのことで疑問が生じるようになると、自分が脅かされていると感じ、両親から自分のものとして組み込まれたものを、引き離したり、自己を守ろうとしたりするために、あらゆることをするに違いない。

＊3 **社会化** グリューンは、この言葉を「人が既成の社会や文化に適応していくこと」の意味で用いている。グリューンは、近代以降の社会化が、現代社会のさまざまなひずみや暴力行為を招いたと考えている。

誤ったアイデンティティと破壊行為

人間からアイデンティティを奪う

そのような成長を遂げる多くの人たちは、独自のアイデンティティを持たず、むしろ「心を通わせ合いながらアイデンティティを発揮できる他の人間」を破壊することに関心を持つ。ナチスは、「人間的であった人たちから、彼らのアイデンティティを奪い取る」という考えに取りつかれた。強制収容所の恐怖は、単に身体的な破壊を意味するだけではなかった。それより重要な目的は、「人間の尊厳」や「人格（ペルソナ）」を破壊することだった。「自分独自の真のアイデンティティ」を持っていないために、自分自身が持っていなかったものを他者から奪い取らなければならなかった人たちがいた。彼らは、他の人間の中にある、それぞれの独自な真のアイデンティティに導くことができる「異質なもの」を、復讐心から抹殺したのである。

フランスの詩人ロベール・デスノス〔一九〇〇—一九四五。フランスの詩人、ジャーナリスト。レジスタンス運動に参加〕は、強制収容所で（死を覚悟しつつも・訳注）、次のように書いた。

「私は誇りを持って、勝利を確信して生きていた……奴隷の仮面を付けた人たちの中にあって……しかも私は自由だった……。

何だって、君たち人間は、これらの価値あるものをどうしようというのか？

私は死んでいるのだから、私を恐れなくてよい……そうだ、君たちを脅かすものは何もない」（ラルフ・デュトリ〔一九四五—。スイスの作家〕の文章より引用）。

自己を抑圧する人間

フランスのリヨンにあったナチスの秘密警察の責任者であったクラウス・バルビー〔一九一三—一九九一。元ナチス親衛隊大尉〕は、フランスの抵抗運動の闘士であったジャン・ムーラン〔一八九九—一九四三。フランスの政治家。レジスタンス運動の指導者の一人〕を拷問によって死に追いやったが、その時の経緯を説明している。ムーランの死は、バルビー自身が両親から認められずに「異質なもの」や「敵」となったバルビー自身の独自性を——それが両親との結びつきを脅かすものだったので——、他者に投影することによって引き起こされたものであった。

ニール・アッシャーソン[29]（一九三二―。英国のジャーナリスト）のインタビューに応じて、バルビーは、「ジャン・ムーランを尋問したとき、私は彼が自分自身であると感じた」と述べた。つまり、虐殺者が被害者に対して行ったことは、ある意味で、「虐殺者が否定した自分自身」に対して行ったことなのである。

他者への憎しみ――自分自身への憎しみから生じる

なぜ人間が他者を苦しめたり、侮辱するのかを理解するために、私たちはまず、「自分が自分自身の何を嫌悪しているのか」を、とらえなければならない。私たちが相手の中に見いだす「敵」を、もともとは私たち自身の中に見つけることができる。私たちが押し殺そうとするものは、私たち自身の中の一部分である。つまり私たちは、自分自身が人間性への萌芽を持っていたことを思い出させる「自分の中の異質なもの」を消滅させたのである。私たちは、両親の存在を自分のものとすることによって、死ぬ危険から逃れるために、両親の願望に従順になったのである。

「ユダヤ人は、われわれの中にいる」というヒトラーの妄想

ビヒョヴスキーが「イントロジェクト（鵜呑み）」と名づけたものは、従順によって生み出されたものであり、それがアイデンティティの構造を変え、死をもたらす従順に導く。ヒトラーは、ヘルマン・ラウシュニング[30]〔一八八七―一九八二。ポーランド生まれのナチス政治家。一九四一年に米国に亡命〕との対話の中で、次のように言った。「私たちの心の中に、ユダヤ人がいる。しかし、目に見えない亡霊と闘うよりも、身体的なかたちでのユダヤ人と闘うほうが、やさしい」。「ユダヤ人」は、ヒトラーが否定した彼自身の人間性の一部であったが、その「ユダヤ人」を、ヒトラーは、「現実の空間」の中で絶滅しなければならなかった。

苦痛を抑圧するように強要した母親

ヒトラー親衛隊の将校であった父親を、戦争中に亡くし、ヨハンナ・ハーラー[31]の国家主義的な教育方針の影響を受けたと自覚する母親を持つ一人の女性患者が、私に交通事故の報告をした。

高級乗用車が、フルスピードで彼女の車の運転席側にぶつかった。事故の加害者は、この患

者の生命を危険にさらしたにも関わらず、彼女の容態を心配するどころか、罪の意識もなかった。彼女が無傷であったことは、まったくの幸運だった。この患者は、私の診療所で治療を始めた時は、事故について何も語らなかった。

やがて彼女は、夜に、ひどい胃けいれんを起こしたことだけ語った。彼女は、死ぬことを恐れていた。同じ夜、彼女は枕の夢を見た。それは、彼女の頭の上に覆いかぶさっていたが、誰かが取り除くやいなや、彼女の脳は自由になったというものだった。私が「いったい何があったのですか」と尋ねると、初めて、まさについでにという感じで、事故について話し出した。私は、彼女が衝突した直後、何を感じたかを知りたいと思った。

彼女は、「まったく何も感じませんでした」と答えた。「危険な目に合うとき、私はいつも、病院に長期間いた知人のことを思います。脳は、そう、徐々に機能を失なっていくのです。だから私も、痛みを感じなくなるに違いありません」。

私は、「痛み？」と聞き返した。

彼女は、答えた。「そうそう、そうなんです。痛みです。娘が、たまたま電話をかけてきたので、事故のことを話しました。娘はすぐに聞いてきました。『お母さん、体はどんな具合なの？』と。娘がそう聞いてくれたことに、私は感動しました」。

私はもっと知りたくて、「それで？　あなたの具合はどうですか？　痛みはありませんでしたか？　あなたを危険な目に合わせたその無表情な男に、腹が立ちませんでしたか？」と尋ねた。

患者は、「私は、苦しくないということだけは、わかっていました」と答えた。

そこで私は、「そうですか。夜になってから、事故とは関係なく、痛みや不安だけがよみがえってきたのですね」と応じた。そしてさらに、「夢の中では、脳にどのような感じをいだいたのですか」と質問した。

彼女は、「冷たかったです」と答えた。しばらくして、彼女は続けて、「自分で思い出せなくて、恥ずかしいわ」と言った。彼女は、そう言うことによって、「冷たい脳」が彼女の生涯を象徴していることにすでに気づいているのに、「すぐには気づかなかった」と言おうとしているらしかった。

私は語った。「このことは、そんなに簡単なことではありませんよ。あなたは常に、痛みに対して『冷たく』なっているに違いありません。あなたの母親が、そうなるように要求したのでしょう。そしてあなたは、従順であるべきだと学んだのでしょう。あなたが不安や痛みを表したときに、お母さんが激しく怒ったことを、何度か説明してましたね」。

「そうなんです。痛くないと言ったら、ほめられました。私の義理の父は、冷却用のスプレーで痛みを紛らわして、私の手のいぼを切り取ったことがありました。私は十歳でしたが、まつげを一瞬も動かしませんでした。その代わりに、義父のほうが気分が悪くなりました。私は、心の中まで冷たくなりました。彼は身震いしていましたが、私はいい気味だと思いました（自分自身の感情を取り戻す手続き）。これに対して、自動車をぶつけた人は、まったく無表情でした」。

「それでもあなたは、腹が立たなかったのですか」と私は尋ねた。

彼女は、「はい。人に心を動かされるのは、弱い人です。私が痛がったら、母はいつも、『そんなの、大したことないと思うのよ』と言いました。母は、ヒトラーの手を握りしめたことがあったと、いつも誇らしげに話していました」。私は言った。「そうですか。あなたのお母さんにとって、ヒトラーは強くて、模範的な人だったんですね。だからあなたは、痛いという事実を受けとめてはならなかったのでしょう。このことが、あなた自身の中に、刻み込まれているのです。事故に合った時、あなたは冷静でしたが、夜になってから、事故から完全に切り離されてから、恐ろしい苦しみを経験することになったのです」。

彼女は答えた。「そうでした。子どものころ、私が苦しみを訴えると、夕食を与えられないことがよくありました。与えられたのは、パンと水だけでした。私は、不安と痛みを隠すために、よく嘘をつきました。でも母はいつも、嘘をつく人、騙す人は、絞首台にかけられると言っていました」。

母親が植えつけた恐怖

この患者はこれらのやりとりの後にも、感情を示そうとしなかった。彼女は、いまだに母親の指図に従順であった。つまり彼女は痛みを感じてはいけなかったのである。不安はあまりにも大きく、恐怖はあまりにも威圧的だった。「私は泣き叫べないのです」と彼女は言った。「たとえ私が不安と痛みを感じても。私の母は、泣き叫んだりしないことがいいことだと教えました。母は、『私たちはあなたのために、もっとも善いと思うことをしようとしただけなのよ』といつも言っていました」。

その患者は、「強さとは、痛みを何も感じないことだ」という母親のイデオロギーを自分のものとしていた。彼女の独自性、つまり愛や、やさしさ、やわらかさへの彼女の願望や必要性は、外部の人たちへ投影され、他者の中で軽蔑されるべき「異質なもの」となった。

従順の起源 —— 生き延びるために権威にしがみつく

この患者の場合、両親の権威という脅迫的な冷たさから自分自身を守れないことが、従順の根であることがわかる。両親が子どもの感情を、弱いもの、価値のないものと見なすので、子どもは「自分の感情」を、「自分自身」を、さらに「自分に独自な部分」を恥じることを学んでしまう。このように、両親が脅かすものに対して子どもが罪悪感を持つように、両親が子どもを仕向けるのである。その結果、子どもは、人格の深くに「自分には価値がない」という喪失感を持つようになる。この自尊心の欠如が、従順になること、つまり親の指図を自分のものとして吸収することの要因である。ミルグラムの実験で示されたように、多くの人々は、自分自身が不安や苦痛の中にいることに気づくことができない。もし彼らがこのことに気づくなら、彼らは自分自身を、弱い者、軽蔑すべき者、つまり「そうであってはならない者」と見なすようになるだろう。

加害者になって、被害者であることを否定する

従順の原因は、それゆえ「異質なもの」が――私たちの憎しみや自己疎外の形で――私たちのうちに生み出される過程の中に見いだすことができる。私たちは従順になることによって、自分独自の感情や知覚を捨て去る。もし人間が、アイデンティティを成長させる過程で、「自分独自の感情や知覚の放棄」を強要されるなら、その人の成長は、今日の一般的な心理学が認知し、

指示しているものとはまったく異なる経緯をたどることになる。その後、その人にとって、権威に必死にしがみつくことが人生の基本原則となる。人は権威を嫌うが、しかしながら、自己をそれと一体化する。他の可能性はない。自分自身を抑圧することによって、「抑圧する者に立ち向かう憎悪や攻撃性」ではなく、「他の犠牲者に転嫁される憎悪や攻撃性」が呼び起こされるのである。

なぜなら私たちの苦しみや悲しみは、かつて自分を価値のないものと見なす論拠だったからである。「被害者である」ことは、「加害者である」ことの無意識的な根拠となる。しかも同時に、従順は、病いであると認識されないまま、「私たちすべての者に確実に影響を及ぼすこの病い」を、さらに広げていく社会的な役割を果たす。

あらゆる人たちの心の奥にひそんでいる心理的な暴力性は、決して単純な仕方で現実化するのではない。私たちすべての者は、「暴力行為は否定されるべきだ」と、疑問の余地なく学んでいる。しかし心の中にひそむ暴力性はあまりにも大きいので、たいていの人間は、すべてにおいて合理的な知識を持っているにもかかわらず、彼らの両親が彼らに要求したとおりに行動するようになる。

従順を強要する両親と向き合うことのむずかしさ

クルト・マイヤー[32]〔一九四五―。中高一貫校の教師〕の父は、「甲冑のマイヤー」（父親も同名。クルト・マイヤー〔一九一〇―一九六一。ドイツの軍人〕）と呼ばれた悪名高いナチ武装親衛隊の少将[*4]だった。息子のマイヤーの書いた『顔をそむけると、涙が……』は、アメとムチによって従順を強要する両親の真実の姿に近づくことがいかにむずかしいかを、強い説得力で描き出している。

「私たち父子は、ハーゲンの街の中にある公園を散歩しました。そこには、今日、円形の低い壁に囲まれた、戦争記念碑が建てられています。戦争記念碑には、二つの世界大戦によって戦死した人たちの名前が刻まれ、他の碑と同じように『戦死した息子たちのために』と書かれていました[33]」。

「私は十二歳でしたが、この低い壁をよじ登ろうという考えが思い浮かびました。私は、あなた（父）が右手に杖を持って歩き、私が低い壁の上を、あなたと並んで小走りすることができるだろうと想像しました。私たち二人が、同じ高さになれたらと思いました。私はそれ以上のことは正確に覚えていないので、あなたがどちらの手を高く上げたのか、私のどちらの頬を打ったのか、わかりません。私が戦争記念碑の低い壁の上を走り回っていたので、あなたは私を殴りました。私はとても恥ずかしくなり、その後、長い間、お互いに何も話さなくなりました」。

ところがクルト・マイヤーは、別の箇所で次のように書いている。

「私と父は、一つです！」。

「私は……両親の愛、友人の愛、家族の愛を、演技だとは思いたくありません[34]」。

「私は、あなたの同僚や友人からも、人間関係における信頼や、信用の大切さを体験しました[35]」（これらの箇所で、クルト・マイヤーは、自分の父親に直接、話しかけている）。

この息子は、人間性が完全に破綻していた父親に対して、自分の立場を見つけ出そうと苦心していた。この息子は、父親の残虐行為を知っていたし、罪責の重さも認識していた。それにもかかわらず、子どもとして彼自身が父親から引き受けた残虐行為に向き合うことは、息子にとって、とてつもなく困難なことだった。自分が受けた、父親の残虐行為と向き合うことは、「自分の過去や、自分が被害者になったことを自分自身から完全に切り離した人間」にとって、しばしば、まったく不可能なことである。なぜなら、「彼らのアイデンティティ」は、「外から組み込まれたもの」にほかならないからである。人間は、自分自身を、自立した存在、独立した存在、確かな存在と見なしている。しかし、アイデンティティがこのような状態である限り、「自立し、独立し、確かな者」として存在できるのは、ほんとうにわずかな人たちでしかない。

従順を強いる見かけの愛

子どもは、「両親が子どもに押しつけようとするイメージ」と、「両親自身の真実の姿が示すイメージ」の矛盾を、どのように克服すべきなのだろうか。

父親が「私はお前を愛しているよ」と言いながら、自分の言いなりになることを望んでいるという場合に、子どもはこの事実とどのように向き合うべきなのか。子どもは、愛されているという確信を必要とするので、その結果、真実を逆転させて理解するようになる。その息子は大人になってから、父親の「こうしたい」「こうしてほしい」「お前たちはこうしなければならない」という思いが、つまり父親自身の「意志」と「立場」が重要だった、ということに気づくのである。だが子どもが生き続けるためにあたたかさや保護が必要なときに、どうしたらその背後に隠れている「冷淡さ」を認めることができるのだろうか。愛情のこもったやさしい手の中にいるという確信だけが、子どもの恐怖や、底知れない深い絶望から守ってくれるのではないか（ハインリッヒ・フォン・トロット・ツー・ゾルツ[36]（一九一八—二〇〇九。ドイツ軍将校。兄のアダムとともに反ナチ活動を行った）の書物の五六ページ以下を参照のこと）。

クルト・マイヤーが五歳の時、父親は、母親に宛てた手紙の中で、息子に水泳を習わせなければならないと指示し、次のように書いた。

「私の望みどおり、クルトに水泳を教えているだろうね。あいつは、すでに大きくなっているから、体を縄で縛って、水の中に放り込むといい。あいつが悲鳴を上げても、心配しなくていい。それによって彼の肺は強くなるし、それも彼のためなのだから」。

「（子どもたちは）殴られることが、彼らの役に立つことを知らなければならない。（子どもたちは）人間社会に必要な、立派な構成員になるよう鍛えられるべきだ。……子どもたちをしつけ、忠告し、未熟な者に体罰を与える理由を説明しなさい。以上[37]」。

この父親は、厳格さしか持ち合わせていない。彼が、父親として息子の教育を心配して指図したり、要求したりするのは、根拠のないただの感傷にすぎない。それは、愛情のこもった気持ちとは、何の関係もない。むしろ反対に、その裏には、子どもの苦しみに対する冷淡さと無知だけが潜んでいる。その父親にとっては、自己主張だけが大切なのである。彼は、自分が気に入る役を、自己陶酔しつつ、演じているにすぎない。父自身が、他者の承認を得ようとする「幼い、従順な少年」なのである。大多数の人たちが「名誉」、「忠誠」、「無条件の献身」について語るとき、まさにこの少将のようなことを考えているのであろう。彼らは、そのイメージに合うように、その後も、「名誉」、「忠誠」、「無条件の献身」を追い求める。

＊４**クルト・マイヤー**　ナチス親衛隊は、一九二五年に組織されたが、その一部であった武装部隊がやがて親衛隊特務部隊となり、一九四〇年から武装親衛隊と呼ばれるようになった。クルト・マイヤー（父親）は、第二次世界大戦中に最年少で武装親衛隊の少将となり、装甲部隊を率いて欧州戦線の主戦場に身を投じ、

その伝説的な戦いぶりから、「パンツァー（＝甲冑の）マイヤー」のあだ名で敵味方に広く知られた。晩年は、ハーゲンで暮らした。

権威と従順

愛の倒錯

デイヴィッド・レヴィは、ドイツの第三帝国崩壊直後に、八十三人のドイツ人を対象にした父親の権威についての研究で、質問を受けた七二％の人が「父親の言葉は、逆らうことのできない家族の掟でなければならない」という言葉を肯定していたことを明らかにした（バートラム・シャフナー〔一九一三―二〇一〇。米国の精神科医。戦後、ニュルンベルク裁判に協力〕の書物より引用）。忠実であろうとする者は、「その時々の自然な感情や経験」を転倒させる。人間は、自分を抑圧する者に自分自身を同一化し、不正を行なう者を愛する。質問を受けた人のひとりは、次のように語った。

「私たちが小さかったころ、父に対して特別な尊敬の念を持っていました。私たちは、父を愛していた以上に、恐れていました。あるとき父は、高く積んだ材木の上から飛び降りるようにと、私に命じました。私は言われたとおりにしましたが、材木の上から落ちて、足首を捻挫しました。父はすぐに、私のところに来て、平手打ちをしました。父は、とても厳しい人でした。父は私たちを愛していましたが、それを表現することのできない人でした。私は、それこそが、私の父の男性的な謙虚さであったと受けとめています[38]」。

ここで、父親は「愛情深い父」として理想化されているが、このエピソードが示しているように、決してそのような人物ではなかった。状況から考えて、彼が愛情に満ちた父親であったと理解することはできない。フリチョフ・シェーファー[39]の患者の場合と同様に、父親に対する病的な忠実さが、父親のほんとうの冷酷さを転倒させて、「愛」と見なすように仕向けている。子どもは、「根源的な信頼関係」が傷つけられることによって生じる苦しみとともに生きることができない。それゆえ、この「悪」は、それとは真逆のものに変えられる。子どもに苦しみをもたらす相手が、今や、「愛すべき者」と感じられるようになる。このようにして、ずっと以前から、「愛の倒錯」は始まっていたのである。

病的な忠誠心

従順が強要され、子どもが自分自身を、あるいは自分の体験を拒否するようになるところではどこでも、「愛の倒錯」を見いだすことができる。このことを明らかにするもっともよい例の一つは、ロシアにおける一九〇五年から翌年までの革命期の、ロシア軍の行動についてのジョン・ブッシュネル[40]〔米国のロシア史研究者〕の研究である。彼は、著書『抑圧の中での暴動』の中で、次のように述べている。ロシア軍は、ある時は、状況に応じて反乱を起こしたが、そのすぐあとで、逆に反乱者の鎮圧に乗りだした。同じロシア軍の兵士が、矢継ぎ早に、自分の立場を変えた。その結果、兵士たちは、十か月間に二度も、反乱軍と正規軍の間を行き来した。つまりロシア正規軍は、一九〇五年の一月から十月まで反乱者を鎮圧したが、十月末から十二月初旬まで鎮圧していた反乱軍に加わり、十二月末から再び正規軍として民間人（つまり反乱者）に銃口を向け、一九〇六年の五月から六月まで反乱軍として再決起し、六月末から三度目に正規軍として反乱軍を攻撃した。

ブッシュネルは、兵士たちの急激な態度の変化は、軍隊内での待遇や、彼らの政治的立場とは無関係だったと指摘している。決定的な要因は、彼らが「権威者」を誰と見なしたかという一点だけだった。そしてその「権威者」だけが、彼らの自尊心を支えた。彼らは旧体制が終わったと信じたので、革命を起こした。しかしその後、命令があったと信じたので、彼らは民間人に向かって進撃した。

それゆえ、社会構造の外的な崩壊だけが、革命を起こすのでは決してなく、「人々を服従させ得る権威あるいは権力構造があるかどうか」の状況が革命を起こす。病的な忠誠心が悪循環におちいり、個々のアイデンティティが存在しなくなり、人はその時々の権威にみずからを服従させるのである。

この病的な忠誠心は、理想化された権威やその体現者にみずからを同一化するときに限り、維持されることになる。このような人間は、自分自身を憎んでいるので、しかもその憎しみを、他者に転嫁しなければならないので、その人の中に常に用意されている暴力性が直接的に、「以前は善いと見なされていたもの」に向けられることになる。

他者への憎しみ――「従順になることによって断ち切った自分自身」への憎しみ

「征服すること」や、「勝利者の側に立っている、あるいは優秀な民族の一員であるという感覚を持つこと」は、屈服した自分の背後に潜む劣等感から、自分を解放するのに役立つ。したがって、あらゆる極右的な運動の背後にも、イデオロギーではなく、「劣等感」が決定的な役割を果たしているという原則があてはまる。人は、抑圧的な権威による救済を望むので、みずからをその権威に屈服させてしまう。

ユダヤ人、トルコ人、ベトナム人、ポーランド人、中国人に対してであろうと、「障がい者」や「無価値と見なされる人」に対してであろうと、「他者に対する憎悪」は、常に「自分自身への憎悪」である。つまりそれは、服従を要求する権威者のもとで生きるために必要な「権威者との結びつき」を確保するため、「従順になることによって断ち切らなければならなかった自分自身への憎悪」である。

歴史家クリストファー・R・ブローニング[41]〔一九四四―。米国の歴史家〕は、特に説得力のある仕方で、この病理と憎悪を、ナチス占領中のポーランドにおいて、「最終的解決[*5]」に関与したハンブルクの第一〇一警察予備大隊の行動の研究の中で描いている。ブローニングは、その人たちが、主にハンブルクの労働者階級の出身であり、既婚の中年の男性であり、しかも、ごく普通の、品行方正な、一家の父親であったと述べている。彼らは、自発的にこの任務に志願したのでも、またユダヤ人を殺害するという命令に賛同して応じたのでもなかった。

彼らが警察予備大隊に配備されて間もなく、三つのグループが生じた。大隊の核となるグループは、次第に熱狂的になり殺害を行った。第二の、より大きなグループは、ゲットー〔ユダヤ人を隔離し居住させた地域〕の解体と、銃殺を行ったが、みずから進んで行ったのではなかった。その上、何人かの人たちは生命を失った。第三のグループは、三%未満にすぎなかったが、命令に従わず、殺害を拒否した。

最初の殺戮行為の前に、司令官は、五百人の隊員らに、計画についての強い団結を呼びかけた。その後、司令官は、「この任務に耐えられないと思う者は、前に出なさい」と異例の提案をした。隊員の一人が前に出て、その後、十二人が続いた。ブローニングは「隊員のほとんどは、列から進み出て、命令に従わないという態度を率直に示すことはできなかった。彼らにとって、銃を撃つことのほうが、容易だった」と述べた。

ブローニングは、さらに「この人たちの『同志』としての結びつきが、決定的な要因となり、重大な結果を招く役割を演じた」と強調した。彼らは、「軟弱」というレッテルが貼られることを、恐れていたのである。

ブローニングによれば、「普通の人は、自分が自分とは異なる人たちの意志の執行者であるかのように、その人たちが決定した状況におちいる。その際に、普通の人は、みずからの行動の内容について、自分の責任とは感じなくなり、可能な限りうまく実行することだけを考えるようになる」。

真実を見つめることのむずかしさ

このような人たちがいっしょに行動すると、従順を推進すると同時に覆い隠す。よい成果をあげることができれば、そのことが、彼あるいは彼女に、「自分は自由な意志で行動している」という幻想を抱かせる。もし彼らが自分たちの感覚を疑うようになれば、そのような人たちは何を感じるのだろうか。その答えには、気が滅入る。実際には彼らは何も感じない。彼らは時折、そのことに気づくこともあるが、何も感じないのである。

最後のドイツ帝国皇帝であったヴィルヘルム二世〔一八九五―一九四一。プロイセン国王、ドイツ帝国皇帝。一九一八年に退位〕は、子ども時代のできごとを想い起こし、信頼していたオイレンブルク侯爵に打ち明けた（クリスティアン・グラーフ・フォン・クロコウ〔一九二七―二〇〇二。ポーランド生まれ。ドイツの歴史家、作家〕の『マルク・ブランデンブルク紀行』による。なおヴィルヘルム二世は、「私の中のすべての詩は死んでいる」と語った）。

クロコウによれば、皇帝は、自分に用いられた子育ての仕方、特に母親の愛の欠如と、家庭教師の誤った教育について、苦々しく思っていた。皇帝は当時を回想して、次のように述べた。

「家庭教師は、彼の理想どおりの王子をつくりあげることを望んだ。……その結果、私は、誰かが苦しんでも、まったく何も感じない人間に育った。私には、他の人が持っている何かが欠けている……[42]」。

従順という鎖は、一生涯にわたって、その人を縛り続ける。ハインリッヒ・フォン・トロット・ツー・ゾルツは、クルト・マイヤーの本の「あとがき」で、とても印象深いことを述べている。

クルト・マイヤー（息子）は、父親の支配領域の中で、自分がいかに偏見を持つに至ったかを探ろうとしたが、限界にぶちあたったように思われる。なぜなら、父親のクルト・マイヤー、つまりナチ武装親衛隊の戦車隊長であった父親のクルト・マイヤーの生涯と、彼の生きた時代について批判的に取り組むことが政治的に重要な性格を持つということが明らかにされようとも、それゆえそこで戦後世代の一般的な問題が実存的に体験され、解明されようとも、父親に縛り付けられた状態で根源的な自分の置かれている場所をいわば結晶化する（明確にする）ことが、彼にとって今もなお、いかにむずかしいことであるかを見て取ることができるからである。[43]（二六〇ページ）

従順は、「自己疎外を引き起こし、両親の実際の姿を正しくとらえる自分自身の核の構築を不可能にする過程」の、もっとも深いところに根ざしている。

この問題は、母親や父親との関係の中にだけ表出するのではない。私たちは、今日、多くの場合に、自分が理性的であると思い込んでいる。毎日のできごとを否定することが、私たちの文化の「正常」な姿になっている。しかし実際には、真実に目を向けることは、私たちにとってむずかしい。何が真実かを知ることに、私たちは不安を覚える。このことを理解するには、今日、一般に行われているのとまったく異なる精神病理学的アプローチが不可欠である。私たちは、「世間一般の人たちが否定するものを、その人たちと同様に否定し、私たちの文化の中で成功を収める人間」を、「正常な人間」であると評価する。

自律、人間性、自己疎外

「いかに自律できるか」をテーマにした二つの研究が、「人間的に生きるか、それとも自分自身を疎外するか」の分岐点がすでに人間の幼児期にあることを、同時に示している。ヘレン・ブルヴォル[44]とアン・ロスカム[45]は、米国の高校で、ある研究を行った(その成果は、両者ともに一九七二年に公表された)。

彼らは、二つのグループの生徒たちを調査した。一方の生徒たちは、成績は優秀で、野心を持つ両親の意向に従順だった。もうひとつのグループの生徒たちは、成績は十分だったが、成功することに特別な関心はなく、両親の願望に応じて行動することに、つまり従順であることに、強制されていなかった。第一のグループは、誰かの承認を得ることを強く必要とする人たちだった。この生徒たちは、常識的な行動規範からはずれるという思いにとらわれると、不安になった。このグループの生徒たちはまた、両親を、「独立した人間、自分とは異なった人間」として正しく理解することができなかった。彼らは、「自分の両親、さらには自分たちの教師のような権威を持つ人」を、理想化する傾向が強かった。一方、自分の成績にあまり関心を持たないグループの生徒たちは、自分の両親を、「善い面も悪い面も合わせ持つ、ありのままの人格」として説明した。両親を理想化するということは、彼らにとっておかしいことだった。

両親を喜ばそうとする成績本位の生徒は、「自分の同級生を劣った者と見なそうとする傾向」が強かった。人を劣った者と見なすことによって、彼らは、初めて、自分が「自律している」と受け取ることができるのである。ここに私たちは、従順のもたらす作用を見ることができる。「成果をあげるため、あるいは一般に認められている善を行うために、一般的に認められている規範に従い、そのことによって両親や権威者が『期待』する価値体系に、もっとも強く縛られている「グループの人たち」は、みずからを「独立」していると感じる。しかしそれは、他者に悪口を言い、けなすことができる場合であった。つまり他者の中にある「異質なもの」を罰し、それと同時に無意識的に、自分自身の中にある「異質なもの」を罰するときに、自分が自由であり、自律していると感じるのである。

このようにして、人間の成長が、極めて深刻な二つの誤った状況におちいる。第一に、従順な人たちや業績本位の人たちにとって、「名誉欲」と「自己疎外」とが結びつく。もし「自分自身と格闘すること」になる名誉欲ならば、自分自身が本来持つ「可能性」を大きくしたり、広げたりすること、つまり超越することへと導く。しかし名誉欲が、従順な行動の正しさを実証することを目的とするなら、その人は自分自身を疎外することになる。第二に、「自律性」が、その成長段階において錯乱状態におちいり、感情の機能をゆがめてしまう。つまりある人を支配したり、おとしめることによって、「自分が自由である」という感情を持つようになる。そのことによって自分自身が犠牲者であるという重荷から、解放されるからである。

従順がたどる経過

イエズス会のポール・ル・ジューヌ神父〔一五九一―一六六四。カトリックの聖職者、司祭〕は、一六三二年から三三年の冬に、数カ月間、カナダのケベックの近郊で過ごし、現地人のモンターニャ・マスカピスにキリスト教の教えや戒律を説いた。エレノア・バークリー・リーコック[46]〔一九二二―一九八七。米国の人類学者、フェミニスト運動家〕によれば、ル・ジューヌ神父の残した記録は、「従順であることを要求する宗教」が何を生み出すかを、きわめて印象的に、具体例をあげながら説明するものだった。改宗した現地人たちは、すぐに、処罰するための犠牲者を探し始めた。ル・ジューヌ神父は、一人の現地人について報告している。その人は、「いのちそのものよりも、祈ることのほうを尊重し、あきらめることよりも、死ぬことのほうを好む」と語った。ル・ジューヌ神父はさらに、「僕たちは、反抗する者を罰する！」と叫んだ子どもについて言及している。その改宗者らは、「僕たちは、神が従順な人を愛すると教えられました。僕たちは、フランス人がいかに従順に行動しているかを見ました。フランス人が役に立たない人を罰する、という美徳に、僕たちは大きな敬意を払っています」と述べた。

活気さが犠牲になる

そこではまさに、「ある抽象的な信念に、強制的に屈服させられるようになること」が「自己発見」であると偽って理解されている。というのはそれによって、人は自分が善良であり、しかも信仰深いと感じるようになり、権威から容認されるからである。もともとの自分自身の活気さは、その人なりに経験したり耐えたりすることが許されなくなると、犠牲にされるのである。それはまるで、自分自身の心の一部が、他者の身体によって、つまり権威者によって、置き換えられてしまったかのようである。まさに「自分自身」が、自分についてのイメージの外部にある異質なものとして、追求されるのである。

こうして人間は、自分の苦しみや不安に向き合うことができなくなる。苦しみや不安は、支配者にとって耐えられないものなので、抑圧されなければならない。苦しみや不安は、まさに支配者のたくらみを明るみに出すものだからである。このような理由から、多くの紛争地帯でしばしば、「少年兵」が好まれる。というのは、彼らは苦しみや不安を追い払うことができるからである（ヨハネス・グルデ〔一九四七―。ドイツのジャーナリスト〕、シュテファニー・ランドグラーフ〔一九四九―。ドイツのジャーナリスト。ともにテレビ番組や映画を制作〕[47]、カルテネッガー[48]による）。

意識から分離された不安

五十歳になるオーストリアの患者は、十二歳のときに経験した、父親とのできごとを語っている。その父親は、スイスのチロル地方の教師だった。あるとき生徒たちを連れて、安全ロープなしで、氷河を渡った。

「高低のある氷の上を一歩ずつ歩むために、全員がピッケルで足場を築かなければなりませんでした。私の父は、信心深く、恐れを知らない人でした。彼は危険だとは、まったく考えていませんでした。子どもたちは不安を抱いていましたが、皆、前へ進むことだけに集中していました」。

少し間を置いてから、私は、「お父さんは不安を追い払おうとしたのでしょうが、生徒たちへの態度は無責任なものでしたね」と言った。

すると患者はこう語った。「そう思いますか？……私は、そうは思いません。しかし、今になって、この瞬間に、私の心に思い浮かぶことがあります。それは、私が四歳の時でした。父は、高校のクラスの生徒たちと、湖へハイキングに行きました。私は、父の自転車のチャイルドシートに乗って行きました。湖は、私たちが住んでいた所から八キロ離れたところにありました。岸からおよそ五〇メートル離れた湖の上に、ロープで結ばれたいかだがありました。生徒たちは、それを岸に引き寄せました。私がいかだによじ登ると、彼らは、私を湖のまん中まで押して行きました。彼らは私と遊ぶつもりで、いかだを左右に揺さぶりました。いかだに水がかぶり、私は水の中にすべり落ちました。私は、突然、湖の底にいました。四、五メートル下の湖の底に座り、そこで緑色の水を見たこと、しかしまったく不安がなかったこと、空気の泡をはっきりと見たことを、覚えています。突然、父が来て、私を岸に引き上げてくれました。私は、水を吐き出さなければなりませんでした。父は、私の肺に入った水を吐き出させ、助けてくれましたが、その後、何が起こったのかについては、何も覚えていません」。

私は、「あなたは、もう少しで溺れるところだったのでしょう」と言った。

「そうですね。そうだったに違いありません。あとになって、私は水泳の練習が、苦手になりました」。「苦手になったのは、その時、不安になったからだと、私には思えますが……」。すると、患者は言った。「そうだと思います。生徒たちは、ふざけていました。でも父はどこにいたのでしょう？　何も見ていなかったのでしょうか。私は、ほかの人であれば死んだかもしれないような危険な状況に、何度も立ち合わされることになりました」（グリューン『私たちの中の他者[49]』を参照のこと）。

この人はそもそも、仕事上のパートナーがもたらしたトラブルに気づくのが遅すぎたため、診療所を訪れた。彼は、他人が引き起こす危険を否定し、彼に危害を及ぼそうとしたときにも、それに気づかなかった。財務上の損失が生じてからやっと、彼のパートナーの判断能力が、どこか間違っていることに気づいたのである。

従順は、抑圧者の行動を覆い隠す

もし私たちが、従順になるよう教育されているのであれば、そこでまさに犠牲となるのは、「私たちのうちで異質なものとなる私たち自身」である。この自分自身こそが、従順になることによって、歪んでしまうのである。無批判な従順は、すべての事象を真実に認識することを不可能にする。私たちは、従順になることによって、「抑圧者に自分自身を順応させる」だけでなく、「抑圧者の行動を覆い隠す」のである。別の言葉で言うならば、従順は、権力に基盤を与える。従順は、心にたまった怒りを、その怒りに責任ある人に向けることを不可能にする。だがその怒りは、なくなっていない。それは、「自分を権力者に合わせるために、異質なものを自分から切り離さなければならないことに対する憎しみ」、つまり「自分自身が犠牲になることに対する憎しみ」がなくならないのと同じである。

＊5 **最終的解決**　ナチスが用いた言葉で、ユダヤ人を大量虐殺する計画を指す。

従順から逃れる道

私たちの高度な文化の根底にあるもの

私がここで説明してきたことは、いわゆる高度なあらゆる文化の根底に横たわる問題である。

ここに書いていることは、「権力と暴力に基づく社会における人間の行動を決定する心理的なメカニズム」を解明するものである。患者との数十年に及ぶ私の仕事や、歴史の発展についての理解は、次のような確信へ私を導いた（グリューンの他の文献[50]を参照のこと）。私たちの「高度な文化」の根底にあるものは、「世界をコントロールし、所有し、支配しようとする衝動」、同時に「これらの動機を否定し隠蔽するためのメカニズムを手に入れようとする衝動」である。

従順の引き起こす悲劇

この隠蔽は、ひとことで言うならば、「私たちは、あなたのためなら、何でも言うとおりにします」というモットーに基づいている。絶望した人間が、その人を生涯にわたって支配する「権力」と「従順」の構造から逃れようとするとき、どのように存在できるのかという衝撃的な例を、私は『自己への裏切り』（一九八四年）という書物の中で検討し、一九六八年二月七日のできごととして次のように述べた。

「リンダは……、彼女の飼い犬のビューティーに罰を与えなくてすむように、自殺したと警察は今日、公表した。『私が、殺した。私が、娘を殺した。私が娘を殺したも同然です……』と、刑事は、打ちひしがれた父親の言葉を紹介した。『私が銃を与えた。娘がまさかこんなことをするとは、思ってもいなかった……』。リンダは、金曜日の夜、テンピ（米国のアリゾナ州の都市）で開かれたダンスパーティーに出かけたあと、家に戻らなかった。土曜日になってリンダは、空軍の少尉と夜を過ごしたことを告白した。両親は、リンダにとって教訓となるような罰を与えようと決めた。彼らは、リンダが二年間、飼っていた犬を、射殺するように命じた。日曜日に彼らは、家の近くの荒れ地にリンダと犬を連れて行った。少女は、墓を掘らなければならなかったので、母親が犬を押さえた。父親は娘にピストルを与え、犬を射つように命じた。しかしこの少女は、犬を射殺する代わりに、自分の右のこめかみに銃をあて、自分を撃ち殺した[51]」。

この家族に悲劇をもたらしたのは、一言で言えば「従順」であった。それは、両親の取り調べによって明らかにされ公開された言葉を用いるならば「あなたのために、罰を与える」というものであった。この原則に抵抗しようとする自由主義的な教育論のあらゆる試みは、その奥深いところに存在する問題を認識しない限り、失敗するであろう。なぜなら、根本的な問題は、人間の誕生とともに始まる内的な自己疎外によるものだからである。

状況に適応するのか、心身ともに健康になるのか

人間という存在は、そのような成長過程の中に縛りつけられ、捕らわれている。心理療法を受けに来る患者は、この状況から抜け出すための打開策を必死に追い求める。彼らは、自分自身の心の疎外と無自覚的にたたかおうとしたので、病んでしまったのである。彼らの内面にある反抗心は、すべてに順応することを妨げる。その結果、彼らは、他者から「アウトサイダー」、「面倒な人」、さらには共同体への「裏切り者」と見なされる。彼らは、「病気」であると評価されないようにするために助けを求め、また助けを必要として、思い切って心理療法を受けに行く。

彼らは、他の人たちと同じように、自分も、「うまくいっている」、「間違っていない」、「成功した」、「不安はない」、「落ち込んでいない」、「緊張していない」……と言えるようになることを望む。これもまた、一般的な「疎外」の兆候である。

私はここで、一般に「病気でない」と分類される「順応型の人間」に注目したいと思う。彼らは、競争で成果をあげた人たち、所有したり征服する支配者たち、——それゆえ、不安や緊張や苦しみから、解放されているように見える人たちである。「人間を病人か、病人でないかに区別する試み」は、被害者を生み出す病いがそもそも何であるかを考えようとしないので、当然、破綻する。私たちの成長の根底にある問題が無視されるなら、「人間が歴史の中で生きる存在であるという意識」は不完全なものとなる。人間が歴史的・時間的な存在であることを理解しようとする行為は、私たちのうちに「異質なもの」が常に存在するという状況を理解しない限り失敗する。

私たちは、生き延びるために、自分がさらされている恐怖や悲しみを否定しようとするので、私たちの置かれている状況を誤って理解することになる。だが恐怖や悲しみを否定するなら、私たちは「自分自身を犠牲者として認識すること」ができなくなり、何度も繰り返し従順になろうとし、従順であり続けることになる。その場合に、従順であることの陰湿な問題性は、従順に組み込まれている防御装置にある。つまり「従順であることに逆らう」と「罪責を過剰に負わされる」ということになる。

孤立がもたらす「魂を食い尽くす不安[52]」（ファスビンダー）

そうだとすると、何が起こるのだろうか？　すべての生き物は、生存するために「刺激」を必要としている。精神的に生き延びるために、人間はこの刺激を相互的な人間関係の中でも必要としている。刺激を受けずに孤立することは、意識を狭めるだけでなく、人を狂気に導く。マーシャル・クラウス〔一九二七―。米国の小児科医〕とジョン・ケネル[53]〔一九二二―。米国の小児科医〕は、母親と子どものアイコンタクトが、誕生直後、新生児が生きるための原動力であると指摘した（マーサ・ウェルチ[54]〔一九四四―。米国の臨床精神医学者〕を参照のこと）。この過程で、誰も乳児に応答しなければ、その乳児は、死をもたらす身体的脅威と同等の恐怖を感じる。

もし子どもが、このような恐怖にさらされるなら、生き延びるためにあらゆることをしなければならない。フェレンツィ[55]は、すでに一九三二年に、「不安と恐怖から逃れ、見かけ上の安心感に至るための自己喪失」について説明した。心理療法士の課題は、そのような経過を明らかにし、追体験を可能にさせ、そのことによって治癒が進行するように導くことである。

たとえば、「ナイフで脅したり、ナイフを投げつけたり、同じようなことを繰り返す気まぐれな母親」を持った一人の女性患者は、あるミーティングで、そのような数々の体験について語った。私たちが再び会ったとき、彼女は次のように述べた。

「最後のミーティングの後、私の母に対するなつかしさが込みあげてきました。同時に、心の中が空っぽになるのを感じました。私の肩が引きつり、突然、ママに向かって叫び声をあげました。それは、あらゆる生命を奪い取る黒いエネルギーを感じたからです。これらすべての暗い感情は、母と関連があります。それにもかかわらず、彼女のそばにいれば、何も起こらないだろうと感じました。いずれにせよ、私が、ミーティングに参加し、叫び声をあげたあとで、私は、この闇を再び感じるとともに、この闇が安心感の一部になったと感じました」（グリューン[56]）

私たちはここで、母親への「恐怖」を、母親からの「見かけ上の保護」に転じた瞬間を追体験することができる。子どもにとって、「自分が他者の手に握られているとか、孤立無援だという感情」が耐えられないものとなるなら、この感情が、正反対のものに転化するかもしれない。

つまり「危機的状況」から、まさに「見かけ上の保護」が生じる。

偶像の神々、空虚な英雄に従順にならない

歴史は、支配者や征服者、偉大な司令官の言動を基準にして記述される。ほとんどの社会学や歴史学の思考方法は、彼らの言動が、内面の偉大さ、先見性、優越性に基づくと考えている。しかし事実はまったく逆であって、私の確信によれば、私たちの歴史の現実は、「怒りや憎しみを、自分自身の外部にある異質なものに向ける能力のある人」によって動いている。偉大な指導者とは、「自分自身の苦しみを、自分の外部に想定された虚偽の敵対者の中で破壊する」ために、自分自身の苦しみから逃げ出した人である。

エーリッヒ・ノイマン〔一九〇五－一九六〇年。ユダヤ系ドイツ人。心理学者、精神分析家〕は、「今日も続く死の舞踏の時代に対して――ドイツのナショナリズムの時代は、その幕開けにすぎなかった――、倫理的な問いはそもそも可能か」と問いかけている。[*6] ノイマンの答えは、「可能だ」というものだった。

「個人の確立は、古代からの人類の最大の努力目標であったということを知らなければならない。……今日、個人主義を社会の中心問題と見なす心理学は、お先真っ暗の状態であ

ると思えるかもしれないが、しかしこのお先真っ暗な状態こそが、人類にとって決定的なことが起こる地点であることが、これまで何度も、明らかにされている」[57]。

この見解は、あまりにも心理学的なものであるという批判から、しばしば退けられる。しかしこのような批判の背後には、人間が自分の具体的な罪から逃れるために、また責任をもって応答する感情から逃れるために、「自分自身に対する責任感」を人間から取り除こうとする腹立たしい意図が隠されている。

人間という全体の問題にとり組む

したがって、心理学的な発言ではなく、政治的、経済的、社会学的な発言をすればよい、という問題ではない。むしろ、私たちの文化において、「数多くの部門の上に成り立つ分業」が、人間を断片化する傾向にあることこそが問題なのである。有機体というものは、まるごとその全体をとらえなければならない。この「まるごと全体をとらえる」という課題を、まさに、心理学が個人をとらえるときに果たすのである。そのとき私たちは、核心的な問題に取り組むことになる。それは、「私たちが、私たち人間のどの部分を失ったのか。それはどのようにして、またどのような理由で、起きたのか。自分が失った部分をどのように再び、見いだすことができるのか」という問題である（スタンレー・ダイアモンド(58)〔一九二二－一九九一。米国の人類学者〕の『文明批判』も参照のこと）。

人間は従順になるように屈服させられるので、自分自身の根源を失い、無力さを感じることになるが、その無力さこそが、人間の中に、「あらゆるものの上に、権力や所有を優先させる内的な衝動」を引き起こす。しかしその結果、人間は自分自身をみずから疎外するようになり、ノイマンが指摘しているように、死の舞踏の循環の中に巻き込まれることになる。

＊６**ノイマン**　ノイマンは、一九四八年の著書『深層心理学と新しい倫理』の序文で、独裁者ヒトラーのもたらした暗黒時代、善悪の区別が曖昧になり、悪が猛威をふるった時代を「死の舞踏の時代」と見なしたが、第二次世界大戦後の核兵器の時代、冷戦の時代においても、「死の舞踏の時代」が継続していると見なし、そのような時代の中で、新しい「倫理」を語ることが可能かと問いかけた。

国家論 —— 従順の権力構造

国家権力と自己疎外

社会における権力構造を正当化するため、紀元前三世紀以来発展し、歴史的に受け継がれてきた「国家論」は、国家を維持するための構造である「従順」を、国家の相関概念としてとらえている。ダイヤモンドは、「カール・H・マルクス（一八一八―一八六三。ドイツの哲学者、思想家、経済学者）が正しくとらえたように、国家の成立過程と、国家の機能は、それぞれの国家の独自な形態を越えて、普遍化される」と述べているが、これはすべての国家形態に当てはまる（S・ダイヤモンドの著書を参照のこと[59]）。

その結果、多数派のために、創造力や、それぞれの独立性を奪い、それぞれの固有性を異質なものにする「個の搾取」が台頭した。自我の喪失は、私たちの政治的、社会的な問題と密接な関連がある。

エティエンヌ・ド・ラ・ボエシ[60]は、すでに一五五〇年に、「自己の疎外と抑圧者の理想化」がどこへ向かうかを説明した。彼の書物は『自発的隷属論』というもので、このタイトルじたいが、極めて特徴的である。

「圧政者は、人々から与えられた力以外のどんな力も持っておらず、我慢するように痛めつける権力を持っているだけであり、人々が抵抗せずに耐え忍ぼうとするかぎり、いかなる危害も加えない。それなのに、これほど多くの人々が、多くの村や町が、多くの国々が、しばしば独裁者に屈するのは、そもそも可能なことなのか、どうしてそうなるのかを、私は、今回、探りたい。何百万人もの人々が悲惨な奴隷として、軛《くびき》に繋がれているのは、驚くべきことである以上に痛ましいことであるが、そのようなことが、不思議にも日常的に繰り返されているのである……[61]」。

フェレンツィ・シャーンドル[62]が、子ども時代に問題の根があると指摘した「攻撃者との同一化」の政治的帰結について、ボエシはすでに四百年前に述べている。ボエシは、さらに続ける。

「……圧政者の前には、圧制者を取り囲んで、気を引こうとしたり、こびへつらう人々が常にいる。彼らは、圧政者の望むことを行うだけではなく、圧政者の意志を考えなくてはならず、その上、圧政者を満足させるために、圧政者の思いをあらかじめ察して行動しなければならない（忖度）。彼らは、圧政者に従順になるだけでは十分でなく、気に入られなければならない。彼らは、全力を尽くして圧制者に仕え、あくせく働き、くたくたになら圧政者の快楽を自分の快楽とし、自分の好みを抑制し、自分の本性を否定しなければならない。彼らは、意を向けなければならない(63)」。

また、自分が被害者として負わされている役割を他者に引き渡すことや、異質な部分を処罰することについて、ボエシは、感銘深く次のように説明している。

「彼らは、もちろん時には、為政者のもとで苦しむこともある。しかし、神からも人からも見放され、見捨てられた人たちは、不正に喜んで耐え、不正をもたらした人に不正を返すのではなく、自分のように為政者のもとで苦しみ自分を助けることができない人たちに、不正を行うのである(64)」。

攻撃者との同一化

人間は、「心の自己疎外」と、「自己の攻撃者との同一化」によって、深く傷つけられる。このような仕方で従順になる人は、「屈服、疎外、抑圧者との同一化」に、そして「自分が従順になっている事実」に気づくことができない。なぜならそれは、私がすでに述べたように、攻撃者が自分の存在を守るために私たちに課す「従順であるように」という命令に、違反することになるからである。

従順――私たちの文化の基盤と病理

従順を正当化する人たち

私は二〇〇二年に、「従順[65]」というタイトルで、『討論・知識・倫理』という社会学の専門誌に、論文を発表した。評論家は二つのグループに分かれてしまい、間もなくして、お互いに相容れなくなった。一つのグループは、無意識的な従順に対する私の批判を受け入れたが、もう一方のグループは従順になることの必要性を激しく擁護した。この第二のグループは、従順を、人間を自由へと向かわせる教育の土台として正当化し、そのことによって、無意識的に、私たちの文化の病理を確信させることになった。「鵜呑みが自分の基盤であると主張する人」、それゆえ「自分自身とは異質な見解を、無意識的に自分自身のものとして経験し、理解し、代弁する人」は、従順であることを自分自身の生き方の基本と見なすようになる。

純粋な理性という迷信、科学者の神話

ノーベル化学賞を受賞したオットー・ハーン〔一八七九—一九六八。ドイツの化学者、物理学者、原子核分裂の発見者〕は、「高等教育機関の教師は、すべてを知っていると主張するが、何も認識していない」と述べた。科学者はしばしば、自分の思考、自分の立場は、公平かつ客観的であると主張する。科学者は、自分たちこそ非合理的で主観的な誤った束縛から解放されていると確信しているが、そのような考えこそが、経験の全体性をとらえそこなっていることに、まったく気づいていない。

すでに一九二〇年代に、物理学は「現実」を、今までと異なって理解することを提唱し、ヴェルナー・ハイゼンベルク〔一九〇一—一九七六。ドイツの理論物理学者〕がいわゆる「不確定性原理」によって極めて印象的な仕方で、観察者自身と観察者の主観的な状態が、観察する過程の本質的な構成要素であると指摘した。*7 古典的な科学が提示する従来からの認識方法に決別する新しい視点は、「今まで常に限定され、縮小され、——比喩的にも、文字通りの意味でも——抑制されてきた意識」についてのとらえ方を拡大する。

私たちは、特に精神科学の分野で、しばしば科学者の態度を決定づける「神話」に向き合う必要がある。精神科学の分野においては、体験が、主観的で非合理的なものと見なされるので、

「抽象的な思考」が「体験」から切り離されてしまう。私たちの文化では、全人格的で個人的な体験は、しばしば不快感を呼び起こすものとなる。だからこそ、私たちが子どものころ、自分独自の感情をいだいたり、私たち自身の欲求を表明したり、共感によって真実を体験したときに、しばしば両親と争うことになったのである。両親は、私たちに起きたことを認識できず、認識しようとせず、認識させまいとした。というのは、このことが彼ら自身を脅かすことだったからである。両親も、「子どものころ、自分たちが体験したことを、そのとおりに認識することが許されなかったり、禁じられた」ことに気づいていないのである。

従順は、私たちすべてを画一化する

無意識的な従順は、同様に、微妙で容赦のない仕方で、私たち一人ひとりの意識を低下させる。つまり従順は、私たちすべての人間を画一化する。一八世紀に、英国の詩人エドワード・ヤング[66]〔一六八三―一七六五。英国の詩人。著書に『夜の瞑想』等がある〕が書き記したように、「私たちは、オリジナルとして誕生するのに、コピーとして生涯を終える」ことになる。この考えを、哲学者オイゲン・ローゼンシュトック＝ヒュッシー〔一八八八―一九七三。ユダヤ系ドイツ人。米国に移住。法史学者、社会学者〕は、さらに深め、次のように述べた。

「人は、自分に作用を及ぼすイメージを抑えれば抑えるほど、その人の生きる方向や、最後に下す決断を、自分に残っているものや他者から委ねられたイメージに依存するようになる。もし彼が純粋な理性に従って仕事をしたいと自分自身に要求するなら、彼は、自分が学んでいると信じるこの世の体験の一部を抑圧することになる(67)」。

「純粋な理性」で研究しようとする者は、自分が学んできたと考えるこの世的なものを抑圧する。人間が「なぜ自分の関心あるものを手に入れようとするのか」、「なぜ自分を隷属化させようとするのか」ということを解明しようとする者は、まず自分自身の従順さをとらえなければならない。しかしこのような対決はもし自分自身が恐怖にさらされるなら成功しない。待ちかまえている不安は、突然、安全性への願望に変わる。まさにこの安全性こそが、「従順」なのである。たとえ誰かが政治的に進歩的な立場を表明し、「従順」に批判的であろうとも、彼は、気づかないまま、根源的な行動において従順に捕らわれたままでいるかもしれない。

気づかないこと――従順の深い構造

すでに一九三〇年に社会科学のためにフランクフルトで研究所を開設したテオドール・アド

ルノ[68]やマックス・ホルクハイマー〔一八九五—一九七三年。ドイツの哲学者、社会学者。フランクフルト学派の代表〕は、ラインラントとヴェストファーレン州の進歩的と見なされ、見るからにそのように行動する労働者や従業員たちが、人格のもっとも深い部分で、「みずからを権威者と同一化している」ことを明らかにした。研究所でいっしょに働いていたレオ・レーヴェンタール[69]〔一九〇〇—一九九三。ドイツの社会学者。フランクフルト学派の一人〕は、当時を回想しながら、一九九〇年に、次のように述べている。

「私たちは、アンケートの結果にたどり着いたとき、とても不安になった。社会民主党と中道左派政党のすぐれた有権者はすべて、イデオロギーの表層面においては、リベラルであり、共和主義者であったが、より深い心理的なレベルにおいては、大部分が、権威主義的で、ビスマルク〔一八一五—一八九八。プロイセン王国首相、ドイツ帝国首相などを歴任〕を称賛し、厳しいしつけのもとで育っており、『女性は家に属する』と考えていた（レーヴェンタール、『文書4』三二一ページ）。

「幼児期に外的世界を無自覚的に自我に取り入れること」と、「発達段階に自己を他者と同一化する仕方」とは異なる。両者の矛盾は意識されずに並行し、分裂した行動をもたらす。それゆえ社会民主党の労働者は、表面的には権威主義社会のルールをきびしく批判したが、内面の深層部分では、ビスマルクのような権力者を称賛し、厳しいしつけが必要だと考え、男女の平等を否定していたのである。このような分裂した姿勢は、どこから来るのだろうか？ それは、「外的世界を鵜呑みにして自我に取り込むこと」が、言語や理性的思考の発達する以前の、ごく初期の幼児期に形成されるからである。この取り込みは、言語能力習得以前のもので、理性的な思考の助けでは、たやすく到達できないものである。それはさらに、幼児期の極度の無力さに伴う感情的な経緯と結びついている。

従順にとりつかれていないのは、三分の一の人たち

ミルグラムの実験[70]、ヘレン・ブルヴォル[71]、アン・ロスカム[72]、ドイツ人戦争捕虜とヘンリー・ヴィクター・ディックス[73]〔一九〇〇―一九七七。英国の精神科医〕ならびにエーリッヒ・フロム[74]やグンター・ホフマン[75]〔一九四二―。ドイツのジャーナリスト〕の研究は、私たちの文化の約三分の一の人たちが、無批判でもなく、従順でもないことを示している。これは、私たちに希望を与える。共感や人間的な思いやりが、従順に抵抗し、従順に立ち向かわせるだけでなく、従順を押しとどめることができるのである。人類が生き延びられるかどうかは、「共感や愛」をもって生きることができるか、「従順」にならず、「従順」に依存しないで歩み続けることができるかという、私たちの能力にかかっている。

権力構造の固定剤としての従順

ミルグラムが書いたように、「従順は、心理的なメカニズムであり、政治的な目的に個人の行動を縛りつけるものである」。従順は、人間を権威的な構造に結びつけ、心の奥深くに根を張って、「倫理観や共感を無効にする行動」を引き起こす凝固剤である。ミルグラムの実験では、従順な人間こそが、観念的になり、自分自身の行動に責任を感じなくなる。だからこそ——一九六一年にチャールズ・パーシー・スノー[76]〔一九〇五—一九八〇。英国の物理学者、作家〕が示したように——、歴史の中で、常に「従順」の名において残酷な犯罪が行われてきた。

権力、所有、暴力——従順の政治的帰結

私たちがこのような状況を少しでも変えたいと望むなら、「従順であるようにと要求する社会の構造」に疑問を持たなければならない。その際に中心的な役割を担うのは、「乳幼児の欲求」と、「これを正しく受け入れる母親の能力」との間の相互作用が実現する際に生じる「基本的な信頼関係」である。この「基本的な信頼関係」が成立するときのみ、子どもは不安や罪悪感なしに成長することができ、後に、自律するために母親から離れることができる。母親と子どもの結

びつきが果たす役割は、「自律」に向かうか、「従順」に向かうかの、アイデンティティ確立の核になる要素である。

英国の精神科医ディックスの、ドイツ人戦争捕虜に関する研究は、本性を受け入れ、愛され、やさしく扱われた子どもの場合、従順なふるまいや破壊的な結末を生じさせないことを、誤解のない仕方で、証明している。これに対して、権力構造が幼少期の発達に影響を及ぼす家庭においては、従順が、対人関係の基礎となってしまう。それに伴い、所有と権力が、「生きている世界の唯一の現実」となる。所有と権力は、政治的な行動のための温床となり、その温床によって、反射的な服従や、政治家の言いなりになる行動、狭い思考が広がることになる。そこで、自分一人の判断で、ただ理性的にのみ、従順とたたかうのは、非常に困難である。内面の自己疎外と攻撃者への自己同一化は、従順によって引き起こされ、人間に深い傷を与えるが、人間はこのことを認識できない。なぜなら、攻撃者が攻撃者自身の存在を守ろうとして、私たちに要求する従順の命令にそむくことになるからである。

その結果、私たちにもたらされるものは、文化的に承認される「正常さ」であるが、その「正常さ」は同時に私たち自身を否定するものである。つまり「正常であること」とは、「人間としての苦しみに満ちた部分」を、生涯にわたって抑制する試みである。その結果私たちは、「人間としての痛みに満ちた部分」を自分から切り離すのだろうか。それとも、絶望しつつ向かい合い続けるしかないのだろうか。いずれにせよ私たちは、「犠牲」とされるべきものを他者の中に探し、私たちが感じとろうとしない「苦しみ」を、他者に負わせるのである。私たちは、他者を、私たち自身がそうであってほしくない「犠牲者」に仕立てる。

＊7 **ハイゼンベルクの「不確定性原理」**「不確定性原理」と、「観察者効果」（観察者が、ある条件のもとで観察する行為が、観察される現象に変化を与えること）の関連については、さまざまな理解がある。

従順とのたたかい

従順とたたかう

これらの理由から、従順とたたかうためには、理性だけでなく、「無意識的な従順に逆らう感覚」が必要になる。このことは、一般的に言うなら、「共感」が必要になるということである。それは、「ともに感じ合いつつ、私たちをとりまく環境と関係を持つ能力」である。共感することとは、「無意識的な従順を生じさせるもの」に敢然と立ち向かうだけでなく、「それぞれの中に秘められている共感する可能性」を導き出すことでもある。なぜなら私たちが誕生する以前の認識は、さまざまな事象を共感することに基づいていたからである。認知能力による思考は、出生後に発展したもので、それはまさに自分を従順にさせる道具なのである。

ミルグラムは、「従順になる人々」（三分の二の人たち）の「期待」に、「共感によって真実を明らかにしようとする人たち」（三分の一の人たち、つまり前者の約半数の人たち）が反抗することを明らかにした。ミルグラムは、さらに、従順にふるまう人たちが示す身体的な緊張に注目し、その緊張を内面的な葛藤に起因するものと見なした。彼らの身体的な震えは、一人の人格が、目の前にいる人たちの苦しみを知覚しているにもかかわらず、従順になるように強いる力の大きさを示している。私が今、ミルグラムと実験を続ければ、彼とのやりとりの中で、彼は、「震え、発汗、高血圧、頭痛、その他の心身の反応は、部分的には従順な人たちの内面の葛藤を表現するものだ」と説明しただろう。だがこの従順な人たちは、共感的な反応を、押し殺したために、身体的症状が現れたのである。

共感が私たちを勇気づける

アメリカの大統領エイブラハム・リンカーン〔一八〇九—一八六五。米国の政治家。第一六代大統領〕、フランクリン・ルーズベルト〔一八八二—一九四五。米国の政治家。第三二代大統領〕、ドイツの首相ウィリー・ブラント〔一九一三—一九九二。ドイツ連邦共和国（旧西ドイツ）の政治家。第四代連邦首相〕、スウェーデンの首相オロフ・パルメ〔一九二七—一九八六。スウェーデンの政治家。第三三代、三七代首相〕のような多くの政治家は、人道的な協力を得るために、国境を越えるさまざまな人たちの支持を得られるかを常に気にしていた。[*8]

世界経済的な危機の時代にあって、従順とたたかう

私たちすべての者が、長期にわたる世界経済的な危機の時代に生きている今日、従順になることは、「人間性に背を向けた解決の道」を、さらに歩み続けることになる。ジョン・メイナード・ケインズ[77]〔一八八三―一九四六。英国の経済学者〕は、主著である『雇用・利子および貨幣の一般理論』の中で、「国民経済が需要不足に苦しんでおらず、現実についての評価が一致していないのに、政府が需要を活性化する政策をとることは間違いだという（古典経済学の）見解」が広く受け入れられていることに驚いた。そこには、支配者に従順になって貢献すべきだという思想が現れ、しかもその従順が道徳的価値にまで高められ、社会的不正義と、残虐行為を正当化するために「節約[*9]」が要求されることになる。

トマ・ピケティ[78]〔一九七一―。フランスの経済学者〕は、彼の『二十一世紀の資本』という書物の中で、「すでに不均衡な収入配分が、さらに不均衡になるであろう」と述べている。大富豪の階級が、経済と政治への支配力を常に増加させている一方で、中流階級は消えてしまう。一つの例をあげるなら、合衆国の多くの労働者の所得は、一九七〇年以後、実質ベースで増加していないが、それに対して、〇・一%に当たる高額所得者は、今日、三六二%以上もの収入を得ている（ポール・クルー

グマンによる[79]〔米国の経済学者。二〇〇八年度ノーベル経済学賞受賞〕。ピケティは、「高額所得者の利益をもし、経済あるいは金融のエリートが守らなければならないと感じているとしたら、これほど愚かなことはない」と書き記している。これらの言葉で言い尽くされているように、「節約」が道徳的価値とされている。ノーベル経済学賞の受賞者であるポール・クルーグマンや、ジョセフ・スティグリッツ[80]〔一九四三―。米国の経済学者。二人ともノーベル経済学賞受賞〕は、非人間性を特徴とする「権威に隷属的な従順」に対してたたかった。二人とも、共感が必要だと主張している。

「雇用の拡大ではなく、債務の取り崩しを目的とする財政政策」によって、また「インフレに対する介入を最低限度に抑え、大量失業にもかかわらず利息を引き上げる通貨政策」によって、議会への政治的影響力を行使しようとするいわゆるロビイストたちの要求は、例外なく「債権者の利益」のためのものである。つまりお金を借りる側の利益のためではなく、お金を貸す側の利益のためであり、いずれにせよ、労働によって収入を得ようとする者の利益のためではない。債権者はもちろん、債務の返済が、国家によって優先順位をつけられて実施されることを望んでいる。彼らは、たとえば低金利によって収益が減少したり、彼らの債権の実質的な価値がインフレによって減少してしまうという理由で、銀行の収入を縮小するあらゆることがらに抵抗する」(クルーグマン)。

これにさらに、経済的危機を「(経済を活性化するための)道徳的なつくり話」として理解する、需要の構造が加わる。それゆえ、「経済危機は、私たちの過失がもたらす必然的な報いであり、決して軽視されてはならない[81]」(クルーグマン)。

勇気、心、開かれた思考を持って、従順とたたかう

従順は、破壊的である。従順は、思考を囲い込み、現実を否定する。現実の全体を、権力者の近視的な観点を反映するだけのものに、制約したり囲ったりすることはできない。よりよい世界は、失われた楽園を再現しようとするファンタジーではない。

よりよい世界は、もし「無意識的な従順」が破られ、「人間相互間の真の共感」にとって代わるなら、目で見ることのできる現実的なものとなるだろう。イタリアのカラブリア州にあるリアーチェ村〔十数年前から、難民を積極的に受け入れることによって村を活性化してきた〕は、イタリアの難民政策に反対し、不法難民を喜んで迎え入れた。国家の政策に従順であろうとする人たちは、難民受け入れによる犯罪や、社会的な関係性の崩壊や、個人のアイデンティティの喪失を問題にしたが、そのようなことは起こらず、

むしろ、死に瀕した村は救われた。このできごとを撮影したヴィム・ヴェンダース〔一九四五―。ドイツの映画監督〕は、「真のユートピアとは、リアーチェで人々がいっしょに住んでいることである」と述べた。重要なことは、リアーチェが難民を受け入れたことではなく、リアーチェが共生の場となったということである（クラース・レロティウス[82]〔スイスの新聞記者〕を参照のこと）。

権威を信奉する従順に抵抗し、住民のために人間性を主張する、リアーチェの村長ドメニコ・ルカーノ〔二〇〇四年より村長〕の不退転の決意により、そのコミュニティは、経済的にも、社会的にも活性化した。勇気、心、開かれた思考こそが、従順を打ち破る力である。

＊8 **リンカーン、ルーズベルト、ブラント、パルメ**　グリューンは、ここで、詳しい説明なしに、四名の政治家の名前を挙げている。おそらく米国に亡命し、その後、スイスに移住したグリューンの生き方や考え方が背景にあるのではないだろうか。グリューンの伝記（Monika Schiffer: "Jenseits des Wahnsinns der Normalität. Biographie", 2008）を参照のこと。なお米国のブッシュ大統領（親子）の批判については、邦訳『私は戦争のない世界を望む』（村椿、松田共訳、二〇一三年、ヨベル）その他を参照のこと。

＊9 **節約**　消費者が消費を抑制すること（たとえば貯蓄）によって需要を抑えること。ケインズは、消費

者に「節約」を要求することによってその場しのぎの対応をとることを批判し、社会的不正や残虐な行為を禁止しようとしない政府の政策を問題視した。いずれにせよグリューンは、政府の経済政策に従順になることに異議を唱えている。

謝辞

従順についてエッセイを公開するようにと私に提案したのは、ウテ・アルトハウスであった。テオドール・フォンターネの詩を私に紹介してくれたのは、マリー・ルイーゼ・ブリュッチェであった。

原稿の校正については、スザンネ・フックス、私の友人で教授のヘルムート・ホルツアップフェル博士、また特に編集者のヨハネス・サージャに感謝をささげる。

妻シモーヌは、その明晰な思考と思いやりによって、私の執筆を応援してくれた。これらの方々に、心から感謝をささげたい。

(72) 注の (45) を参照のこと

(73) DICKS, H.V. : Personality Traits and National Socialist ldeology. A Wartime Study of German Prisoners of War. in: Human Relations, Bd. III, 1950

(74) FROMM, E. : Empirische Untersuchungen zum Gesellschaftscharakter. Gesellschaftschrakter. Bd. III. München. dtv. 1989

(75) HOFMANN, G. : Starke Hand gesucht. Eine Studie der Friedrich-Ebert-Stiftung. Die ZEIT. 20. Dez. 2002

(76) SNOW, C. P. : Science and Government. 1961

(77) KEYNES, M. : Allgemeine Theorie der Beschäftigung. des Zinses und des Geldes. Berlin, Duncker & Humblot, 2006

(78) PIKETTY, T. : Capital in the Twenty-First Century. Bellenan Press, Harvard University, 2014

(79) KRUGMAN, P. : Why We're in a New Gilded Age. New York Review of Books, 8. Mai, 2014

(80) STIGLITZ, J. E. : Freefall. New York, Norton, 2010

(81) KRUGMAN, P. : Vergesst die Krise. Frankfurt a.M., Campus, 2012

(82) RELOTIUS. C. : Die bessere Welt. NZZ am Sonntag, 8. Juli, 2012

(56) GRUEN, A. : Der Verlust des Mitgefühls. München, dtv, 1997 注の (50) を参照のこと
(57) NEUMANN, E. : Tiefenpsychologie und neue Ethik. Frankfurt a.M., Fischer, 1997　原著は、1948 年に出版。邦訳：『深層心理学と新しい倫理 — 悪を越える試み — 』(石渡隆司訳)、人文書院、1984 年
(58) DIAMOND, S.: Kritik der Zivilisation. Frankfurt a.M., Campus, 1979 なお原著は、英語で出版されている。In Search of the Primitive. A Critique of Civilization. Transaction Books, 1974
(59) 前掲書。注の (58) のドイツ語訳の 15 ページを参照のこと
(60) LA BOÉTIE の前掲書。注の (12) を参照のこと
(61) 前掲書。注の (12) を参照のこと。独訳の 11 ページ以下
(62) FERENCZI の前掲書。注の (18) を参照のこと。
(63) LA BOÉTIE の前掲書。注の (12) を参照のこと。独訳の 41 ページ以下
(64) 前掲書。注の (12) を参照のこと。独訳の 40 ページ以下
(65) GRUEN. A. : Der Gehorsam, Erwägen Wissen Ethik (vormals Ethik und Sozialwissenschaften). 13, 4. 2002 注の (50) を参照のこと。なお、『討論・知識・倫理』という社会学の専門誌は、1990 年に『倫理と社会—討論のためのフォーラム』という名称で創刊されたが、2001 年に現在の名称になった。
(66) YOUNG, E. : The complaint, or Night thoughts on life, death. and immorality. London, Bell and Daldy 1721, (wieder aufgelegt 1938) 755 ページ
(67) ROSENSTOCK-HUESSY, E. : Out of Revolution. Autobiography of Western Man. Argo, Norwich 原著は 1938, 1996
(68) 注の (6) を参照のこと。
(69) LÖWENTHAL, L. : Judaica. Vorträge, Briefe, Schriften 4. hrsg. v. H. Dubiel, Frankfurt a.M., Suhrkamp. 1990　原著の 344 ページ
(70) 注の (5) を参照のこと。
(71) 注の (44) を参照のこと

Human History and in the Development of Consciousness, The Neanderthal's Gestation, Jahrbuch für Psychohistorische Forschung, 6, 2005

GRUEN, A. : Kindheit und Realitätsverlust, Jahrbuch für Psychohistorische Forschung. 8, 2007

GRUEN, A. : Altruism, Egoism and Dehumanization. The Denial of Empathy, Jahrbuch für Psychohistorische Forschung, 9, 2008

GRUEN, A.: Statt »Survival of the Fittest«. Empathie und Kooperation als Determinanten der menschlichen Evolution. Jahrbuch für Psychohistorische Forschung, II, 2010

(51) GRUEN, A. : Der Verrat am Selbst, München, dtv, 1984, 1986 邦訳：『自己への裏切り』。注の (50) を参照のこと

(52)『不安は魂を食い尽くす』は 1974 年に公開された映画のタイトル

(53) KLAUS, M. H., KENNEL, H., PLUME, N. und ZUEHLKE, D. : Human Maternal Behavior at first Contact with her Young. in: Pediatrics, 46, 187, 1970

KLAUS, M. H. und KENNELL, J. H. : Parent-to-infant Attachement. in: Materna] Infant Bonding. St. Louis, Mosby, 1976

クラウスとケネルの共著の邦訳として以下を参照のこと。

M. H. クラウス、J. H. ケネル、P. H. クラウス『親と子のきずなはどうつくられるか』(竹内 徹訳、医学書院)、2001、2008 年

M. H. クラウス、J. H. ケネル、P. H. クラウス『マザリング・ザ・マザー — ドゥーラの意義と分娩立ち会いを考える (大阪府立助産婦学院教務訳、メディカ出版)、1996、1996 年

なお、ドゥーラとは、出産する母親やその家族を支援する出産経験のある女性のこと

(54) WELCH, M. : Annual Attachment Conference in Cleveland. Ohio, Oktober 1994

(55) FERENCZI の前掲書。注の (18) を参照のこと

chen, Terra Media, 1991
(48) KALTENEGGER, M. L. : Als Soldat und brav. in: Kursbuch, 67, 1982
(49) GRUEN, A. : Der Fremde in uns. Stuttgart, Klett-Cotta, 2000　アルノ・グリューン『私たちのうちにいる他者』。なお注の (24)(50) を参照のこと。
(50) GRUEN, A.: Autonomy and Identification. The Paradox of their Opposition. in: International Journal of Psycho-Analysis, 49, 4, 1968
GRUEN, A. : Der Verrat am Selbst. München, dtv, 1984, 1986 邦訳：アルノ・グリューン『遠い日の忘れもの』(森直作訳)、武田出版、2007 年。
GRUEN, A. : Der Wahnsinn der Normalität, Realismus als Krankheit, eine Theorie der menschlichen Destruktivität. München, Kösel, 1987 邦訳：アルノ・グリューン『「正常さ」という病い』(馬場誠一、正路妙子訳)、青土社、2001 年。
GRUEN, A. : Der Verlust des Mitgefühls, München, dtv, 1997
GRUEN, A. : Reductionistic Biological Thinking and the Denial of Experience and Pain in Developmental Theories. in: Journal of Humanistic Psychology, 38, 2, 1998
GRUEN, A. : Ein früher Abschied. Objektbeziehungen und psychosomatische Hintergründe beim Plötzlichen Kindstod. Göttingen, Vandenhoeck & Ruprecht, 1999 アルノー・グリューン『早すぎる別れ — 子どもの突然死の客観的な特徴と心身症的な背景』。注の (10) を参照のこと。
GRUEN, A.: Der Fremde in uns. Stuttgart, Klett-Cotta, 2000 アルノ・グリューン『私たちのうちにいる他者』。注の (24)(49) を参照のこと。
GRUEN, A.: Der Gehorsam, Erwägen Wissen Ethik (vormals Ethik und Sozialwissenschaften). 13, 4, 2002 注の (65) を参照のこと。
GRUEN, A.: Verratene Liebe/Falsche Götter. Stuttgart, Klett-Cotta, 2003 邦訳：『愛を知らない —「歪んだ愛」と「憎しみの連鎖 — 』(森直作訳)、あむすく、2009 年。注の (21) を参照のこと。
GRUEN, A.: The Role of Empathy and Mother - Child Attachment in

1998
(33) MEYER, K. (ジュニア) の前掲書 21 ページ
(34) MEYER, K. (ジュニア) の前掲書 239 ページ
(35) MEYER, K. (ジュニア) の前掲書 241 ページ
(36) SOLZ, H. v. T.z. : Freiburg i.B., Herder, 1998
(37) MEYER, K. (ジュニア) の前掲書 34 ページ
(38) SCHAFFNER, B. : Fatherland: A Study of Authoritarism in the German Family. New York, Columbia University Press, 1948
(39) 本書の 18 ページ、ならびに注の (9) を参照のこと。
(40) BUSHNELL, J. : Mutiny amid Repression, Russian Soldiers in the Revolution of 1905-1906. Indiana University Press, Bloomington, 1985
(41) BROWNING, C. R. : Ganz normale Männer. Das Reserve-Polizeibattaillon 101 und die »Endlösung« in Polen, Rowohlt, Reinbeck, 1996 邦訳：クリストファー・R・ブラウニング『普通の人びと ― ホロコーストと第 101 警察予備大隊』(谷喬夫訳) 筑摩書房、1997 年
(42) KROKOW, C. Graf von : Fahrten durch die Mark Brandenburg. Stuttgart, Deutsche Verlags-Anstalt, 1990『マーク・ブランデンブルク紀行』
(43) 本書の 54 ページ、ならびに注の (36) を参照のこと。
(44) BLUVOL, H. : Differences in Patterns of Autonomy in Achieving and Underachieving Adolescent Boys, Diss., The City University of New York. 1972
(45) ROSKAM, A. : Patterns of Autonomy in High Achieving Adolescent Girls who differ in Need for Approval. Diss, The City University of New York, 1972
(46) LEACOCK, E. B. : Myths of Male Dominante. Monthly Review Press, New York, 1981
(47) GULDE, J., und LANDGRAF, S. : Geraubte Kindheit. Ein Film. Mün-

おこの作品は、1955 年にフランスで映画化され、日本では『埋もれた青春』として公開された。
(20) 本書の 18 ページ、ならびに注の (9) を参照のこと。
(21) GRUEN, A. : Verratene Liebe. Falsche Götter. Stuttgart. Klett-Cotta, 2003 邦訳：アルノ・グリューン『愛を知らない —「歪んだ愛」と「憎しみの連鎖 —」(森直作訳)、あむすく、2009 年
(22) CHAMBERLAIN, S. : Adolf Hitler, die deutsche Mutter und ihr erstes Kind, Gießen. Psychosozial, 1997
(23) HAARER, J. : Die deutsche Mutter und ihr erstes Kind. München, Lehmanns, 1941
(24) GRUEN, A.: Der Fremde in uns. Stuttgart, Klett-Cotta, 2000 アルノ・グリューン『私たちのうちにいる他者』
(25) BYCHOWSKI, G. : »Struggle Against. The lntrojects«, Int. J. Psycho Analysis, 39, 1958
(26) JAMES, W. : Principles of Psychology. New York, Dover, 1905, 1950 邦訳：『心理学』(今田寛訳、短縮版）岩波文庫、1992、1993 年、 他に抄訳あり
(27) CANNON, W. B.: »Voodoo Death«. American Anthropologist, 44, 1942
(28) TURNER, V. W. : The Forest of Symbols: Aspects of Ndembu Ritual. Comell, University Press, Ithaca, 1967
(29) ASCERSON, N. : The »Bildung« of Barbie. New York Review of Books, November 24, 1983
(30) RAUSCHNING, H. : Gespräche mit Hitler. Wien, Europaverlag, 1973 邦訳:ヘルマン・ラウシュニング『ヒトラーとの対話』(船戸満之訳) 学芸書林、1972 年
(31) 本書の 36 ページ、ならびに注の (23) を参照のこと。
(32) MEYER, K.（ジュニア）: Geweint wird, wenn der Kopf ab ist. Annäherungen an meinen Vater »Panzermeyer« — Generalmajor der Waffen-SS. Mit einem Nachwort von Heinrich von Trott zu Solz. Freiburg i.B., Herder,

出書房新社、1990 年
(9) SCHAFFEER, F. : Pathologische Treue als pathogenetisches Prinzip bei schweren körperlichen Erkrankungen. Ein kasuistischer Beitrag zur Dermatomyositis. in: Der Nervenarzt, 32, 10, 1961
(10) GRUEN, A. : Ein früher Abschied; Objcktbeziehungen und psychosomatische Hintergründe beim Plötzlichen Kindstod. Göttingen, Vandenhoeck & Ruprecht, 1999 邦訳：アルノ・グリューン『早すぎる別れ ― 子どもの突然死の客観的な特徴と心身症的な背景』
(11) PROUST, M. : A La Recherche Du Temps Perdu. Bd. Vl. »La Prisoniére«. Paris, 1987, Gallimard 邦訳：プルースト『失われた時を求めて(9)、囚われの女』(鈴木道彦訳) 集英社文庫、2007 年。他にもいくつかの邦訳がある。
(12) LA BOÉTIE, E. de : Freiwillige Knechtschaft, Münster. Ulm, Klemm-Oelschläger, 1990 邦訳：エティエンヌ・ド・ラ・ボエシ『自発的隷属論』(山上浩嗣訳、西谷修監修)、ちくま学芸文庫、2013 年。ラ・ボエシは 33 歳になる前に亡くなったが、この『自発的隷従論』(原題 : Discours de la servitude volontaire) を書いたのは、18 才の時だという。
(13) COETZE, J. M. : Warten auf die Barbariens. Frankfurt a.M., Fischer, 2001 邦訳：ジョン・マックスウェル・クッツェー『夷狄を待ちながら』(土岐恒二訳)、集英社文庫、2003 年
(14) SILVERBERG, W. V. : The schizoid maneuver. Psychiatrv,10, 1947
(15) TIMMERMAN, J. : Wir brüllten nach innen. Folter in der Diktatur heute. Frankfurt a.M., Fischer, 1982
(16) SOYINKA, W. : The Man Died. New York, Harper, 1972
(17) SPENCE, J. : In China's Gulag, The New York Review of Books, 10, Aug, 1996
(18) FERENCZI, S. : Sprachverwirrungen zwischen den Erwachsenen und dem Kind. in: Bausteine zur Psychoanalyse, Bd.3, Berlin, Ullstein, 19 32, 1984
(19) WASSERMANN, J. : Der Fall Maurizius. München, dtv, 1928, 1988 な

注：

以下の注は、原著に引用あるいは参照されている文献について著者自身が作成した「文献リスト」を用いて、スタイルを変え、日本語訳で入手しやすい翻訳書を加え、必要と思われる場合には若干の説明を付加したものである。なお著者は、引用した文献は明示しているものの該当箇所のページ数を表記していないことが多いが、その場合は原著どおりに文献のみを記した。

(1) GOFFMAN, E. : Wir spielen alle Theater. Die Selbstdarstellung im Alltag. München, 2006, Piper

(2) NIETZSCHE, F. : »Ecce homo« Kritische Studienausgabe. Colli und Montinari. München, 1980, dtv, Band 6

(3) WALLACE, D. F. : Das hier ist Wasser. Köln, Kiepenheuer & Witsch, 2012

(4) KOELL1NG, M. : Eine hausgemachte Katastrophe. Neue Zürcher Zeitung, 6. Juli. 2012

(5) MILGRAM, S. : Behavioral Study of Obedience. Journal of Abnormal Psychology, 67, 1963, Obedience to Authority. An Experimental View, New York, 1975, Harper 邦訳：スタンレー・ミルグラム『服従の心理 — アイヒマン実験』(岸田秀訳) 河出書房新社、1995、2010 年、『服従の心理』(山形活生訳) 河出書房新社、2012 年、他を参照のこと。

(6) ADORNO, T.W., FRENKEL-BRUNSWIK, E., LEVINSON und SANFORD, R. N. : The Authoritarian Personality, New York, 1950, Harper 邦訳：テオドール・W・アドルノ『権威主義的パーソナリティ』(田中 義久訳) 青木書店、1980 年

(7) FROMM, E. : Die Furcht vor der Freiheit, Steinberg, Zürich, 1941 邦訳 : エーリヒ・フロム『自由からの闘争』(日高六郎訳) 東京創元社、1965、2012 年

(8) RILKE, R. : Die Weise von Liebe und Tod des Cornets Christoph Rilke. Frankfurt a.M., 1899, 1906, Insel 邦訳：リルケ『旗手クリストフ・リルケの愛と死の歌』、リルケ全集第 2 巻・詩集 II (塚越敏監修) 河

レーヴェンタール、レオ
Löwenthal, Leo 90

レヴィ、デイヴィッド
Levy, David 57

レロティウス、クラース
Relotius, Claas 100

ローゼンシュトック＝ヒュッシー、オイゲン
Rosenstock-Hussey, Eugen 88

ロスカム、アン
Roskam, Ann 65-67, 91

フロム、エーリッヒ・S
Fromm, Erich Seligmann 15, 91

ホフマン、グンター
Hofmann, Gunter 91

ホルクハイマー、マックス
Horkheimer, Max 90

〈マ行〉
マイヤー、クルト（父と子）
Meyer, Kurt 51-55, 64

マルクス、カール・H
Marx, Karl Heinrich 82

ミルグラム、スタンレー
Milgram, Stanley 14-16, 49, 91-92, 95-96

ムーラン、ジャン
Moulin, Jean 42-43

毛沢東 25

モンターニャ・マスカピス
Montagnais-Maskapis 68

〈ヤ行〉
ヤング、エドワード
Young, Edward 88

〈ラ行〉
ラウシュニング、ヘルマン
Rauschning, Hermann 44

ラ・ボエシ、エティエンヌ・ド
La Boétie, Étienne de 22, 82-84

ランドグラーフ、シュテファニー
Landgraf, Stephanie 69

リーコック、エレノア・B
Leacock, Eleanor B 68

リルケ、ライナー・マリア
Rilke, Rainer Maria 17, 22, 25

リルケ、クリストフ
Rilke, Christoph 17

リンカーン、エイブラハム
Lincoln, Abraham 96

ルーズベルト、フランクリン
Roosevelt, Franklin Delano 96

ルカーノ、ドメニコ
Lucano, Domenico 100

ル・ジューヌ、ポール
Le Jeune, Paul 67-68

ル・ペン、マリーヌ
Le Pen, Marine 22

〈ナ行〉
ニーチェ、ヴィルヘルム・フリードリヒ
Nietzsche, Friedrich Wilhelm 10

ノイマン、エーリッヒ
Neumann, Erich 79-80

〈ハ行〉
ハーラー、ヨハンナ
Haarer, Johanna 35-36, 44

ハーン、オットー
Hahn, Otto 87

ハイゼンベルク、ヴェルナー
Heisenberg, Werner 87

バルビー、クラウス
Barbie, Klaus 42-43

パルメ、オロフ
Palme, Olof 96

ピケティ、トマ
Piketty, Thomas 97-98

ビスマルク、オットー・フォン
Bismarck-Schönhausen, Otto von 90-91

ヒトラー、アドルフ
Hitler, Adolf 25, 33-35, 44, 47

ビヒョウスキー、グスタフ
Bychowski, Gustav 38,44

ファスビンダー、ライナー・ヴェルナー
Fassbinder, Rainer Werner 77

フェレンツィ・シャーンドル
Ferenczi Sándor 28-29, 77, 83

フォンターネ、テオドール
Fontane, Theodor 4

ブッシュ、G・ジョージ・W
Bush, George Walker 25

ブッシュネル、ジョン
Bushnell, John 59-60

ブラント、ウィリー
Brandt, Willy 96

プルースト、マルセル
Proust, Marcel 21

ブルヴォル、ヘレン
Bluvol, Helen 65, 91

フロイト、ジークモント
Freud, Sigmund 35-36

ブローニング、クリストファー・R
Browning, Christopher Robert 61-62

ゴフマン、アーヴィング
Goffman, Erving 10

〈サ行〉
サーリ、マウノ
Saari, Mauno 3

シェーファー、フリチョフ
Schaeffer, Friedtjov 18, 31, 58

ジェームズ、ウイリアム
James, William 39

シャフナー、バートラム
Schaffner, Bertram 57

シュペンス、ジョナサン
Spence, Jonathan 28

ショインカ、ウォーレ
Soyinka, Wole 27-28

シルヴァーバーグ、ウィリアム・V
Silverberk, William V 24

スターリン、ヨシフ・V
Stalin, Joseph Vissarionovich 25

スティグリッツ、ジョセフ
Stiglitz, Joseph 98

スノー、チャールズ・パーシー
Snow, Charles Percy 92

ゾルツ、ハインリッヒ・フォン・トロット・ツー
Solz , Heinrich von Trott zu 54, 64

〈タ行〉
ターナー、ヴィクター・W
Turner, Victor W 39

ダイアモンド、スタンレー
Diamond, Stanley 81

チェンバレン、ジークリット
Chamberlain, Sigrid 33-34

ディックス、ヘンリー・ヴィクター
Dicks, Henry Victor 91, 93

ティママン、ヤコボ
Timmerman, Jacobo 27

デスノス、ロベール
Denos, Robert 42

デュトリ、ラルフ
Dutli, Ralph 42

トゥルペイネン＝サーリ、ピルコ
Turpeinen-Saari, Pirkko 3

人名索引

〈ア行〉
アッシャーソン、ニール
Ascherson, Neal 43

アドルノ、テオドール・W
Adorno, Theodor W 14-15, 89-90

ヴァッサーマン、ヤコブ
Wassermann, Jakob 30

ヴィルヘルム２世
Wilhelm II 63

ウェルチ、マーサ・G
Welch, Martha G 77

ヴェンダース、ヴィム
Wenders, Wim 100

ウォレス、デヴィッド・フォスター
Wallace, David Foster 12

〈カ行〉
カルテネッガー、ローランド
Kaltenegger, Roland 69

キャノン、ウォルター・B
Cannon, Walter B 39

クッツェー、ジョン・マックスウェル
Coetzee, John Maxwell 23

クラウス、マーシャル・H
Klaus, Marshall H 77

グリューン、アルノ
Gruen, Arno 3, 71, 73, 78

クルーグマン、ポール
Krugman, Paul 97-99

グルデ、ヨハネス
Gulde, Johannes 69

黒川清 14

クロコウ、クリスティアン・グラーフ・フォン
Krokow, Christian Graf von 63

ケインズ、ジョン・メイナード
Keynes, John Maynard 97

ケーリング、マルティン
Koelling, Martin 14

ケネル、ジョン
Kennell, John 77

ゴウォン、ヤクブ
Gowon, Yakubu 27

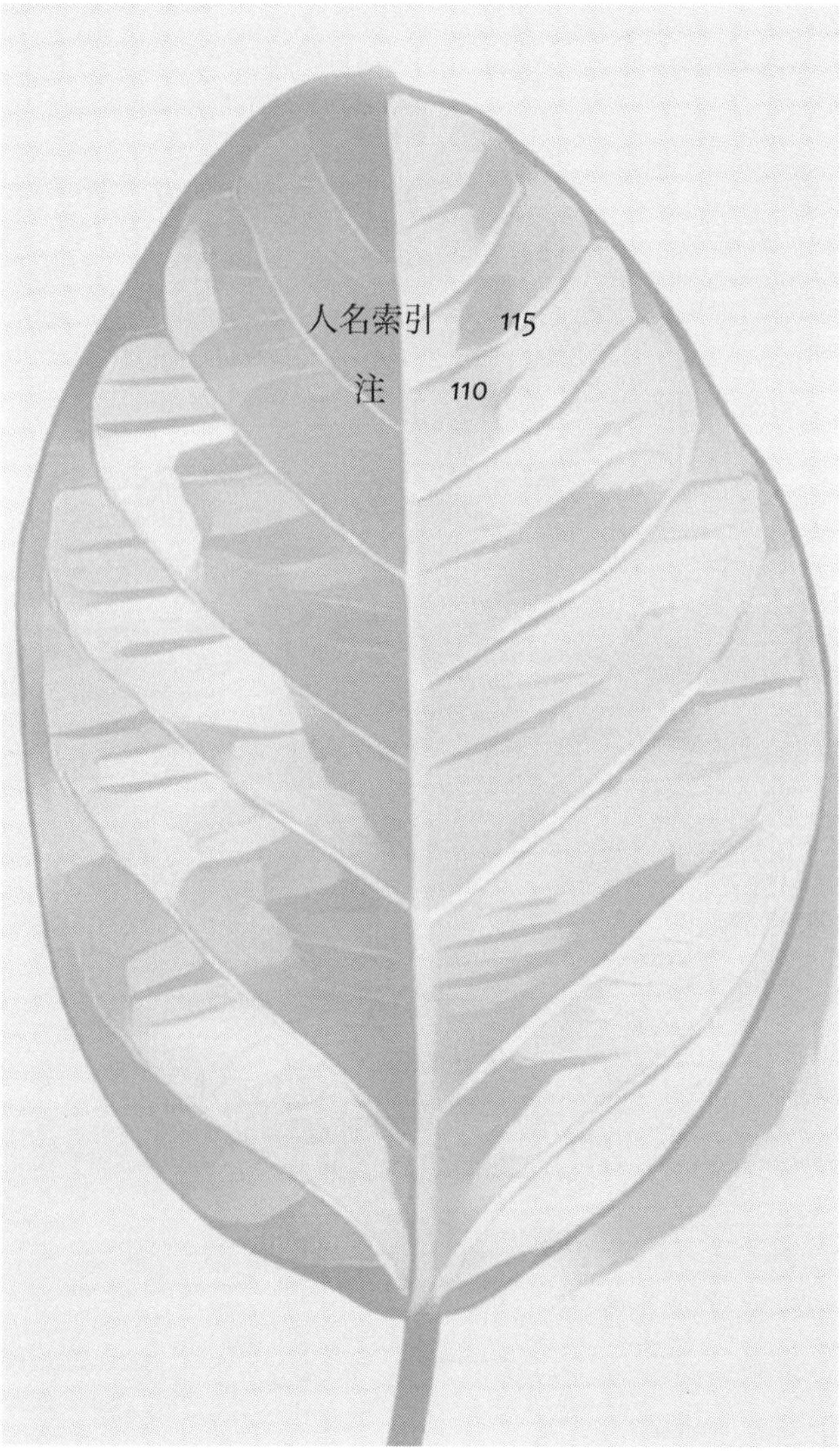

訳者紹介　村椿嘉信（むらつばき・よしのぶ）

【略歴】1952 年、横浜に生まれる。東京神学大学、同大学院、ドイツのヴッパタール神学大学で組織神学を学ぶ。日本基督教団東京教区の柿ノ木坂教会に伝道師として就任。1983 年に沖縄にて宜野湾伝道所の牧師となる。1998 年にドイツのケルン・ボン日本語キリスト教会牧師に就任。2001 年に沖縄に戻り、日本基督教団沖縄教区の石川教会牧師、沖縄教区総会議長、沖縄キリスト教学院理事等を歴任。2010 年に東京教区代々木上原教会牧師に就任。2013 年に再び沖縄に戻る。その間、琉球大学、沖縄国際大学、沖縄キリスト教学院大学や沖縄キリスト教短期大学の非常勤講師、沖縄宣教研究所平和部門委員長等を歴任。ぎのわん集会代表。2021 年 6 月 18 日逝去。

【著訳書】『喜びの大地 ── 聖書との対話』日本基督教団出版局（2003）／ディートリッヒ・ボンヘッファー（オットー・ドゥドツス編）『主のよき力に守られて ── ボンヘッファー１日１章』新教出版社（1986）／カール・バルト『K・バルト説教選集 4』（共訳、1994）／『K・バルト説教選集 3』（共訳、1995）以上日本基督教団出版局／アルノ・グリューン『**私は戦争のない世界を望む**』（共訳、2013）／アルノ・グリューン『**従順という心の病い**』（2016、2022[4]）『**荒れ地に咲く花 ── 生きること愛すること**』（2021）以上ヨベル【論文等】論文集、紀要、雑誌、通信、個人誌などへの掲載多数

従順という心の病い —— 私たちはすでに従順になっている

2016年11月1日 初版発行
2022年06月25日 4版発行

著　者 —— アルノ・グリューン
訳　者 —— 村椿嘉信
発行者 —— 安田正人
発行所 —— 株式会社ヨベル　YOBEL, Inc.
〒113-0033 東京都文京区本郷4-1-1　菊花ビル5F
TEL03-3818-4851　FAX03-3818-4858
e-mail : info@yobel. co. jp

印刷 —— 中央精版印刷株式会社

配給元—日本キリスト教書販売株式会社（日キ販）
〒162 - 0814　東京都新宿区新小川町9 -1
振替 00130-3-60976　Tel 03-3260-5670

ISBN978-4-946565-42-6 C0011

戦争はなくすことができる。スイスの心理学者アルノ・グリューンは、「それは、私たちが考える以上に簡単なことだ」と主張している

アルノ・グリューン著
村椿嘉信・松田眞理子訳

私は戦争のない世界を望む

この本のタイトルは、戦争をなくすためには、誰かに期待するのではなく、私たち一人ひとりが「私は戦争のない世界を望む」と意志し、声をあげ、行動を起こす必要があると訴えている。戦争を引き起こすのは、独裁者や強い国家を望む政治家だけではない。その政策を支持し、独裁者や権力者に従順であろうとする国民でもある。

どうして一般市民が、残忍で野心家にすぎない政治家に従順になるのか — グリューンはこの本の中で、権力者に身をゆだねようとする人間の心の動きを解明している。

多くの人たちが、「自分こそ自由で、民主的な人間である」と思い込んでいる。「これ以上、国民に自由を与えると、社会は無秩序状態におちいる」と見なす人たちもいる。しかし私たちは、そう思わされているだけではないか。私たちは、現代社会の枠組みの中で、自分に与えられた仕事を効率よく果たすことによって、権力者の言いなりになり、やがて戦争を肯定するのではないか。

もし私たちが、「没個性的」になり、「社会の役に立つ人間になろう」とするなら、さまざまな人たちと顔と顔を合わせて共感し、ともに生きる道を探り、平和を実現することはできない。なぜなら、その場合の「社会」というイメージそのものが、権力者によって操作され、国民に刷り込まれたものだからである。

『従順という心の病い』と『私は戦争のない世界を望む』を合わせて読むことによって、私たちは、現代日本という閉塞した状況の中で、自分を取りもどし、自分に与えられている可能性を生かし、お互いに共感し合いながら、ともに平和を追い求めることができるようになるだろう。